# 城市路网出行交通流均衡调节机制

江向军　黄中祥　著



化学工业出版社
·北京·

**内容简介**

《城市路网出行交通流均衡调节机制》主要基于经济学非均衡理论的价格-数量调节行为原理，依据现有的交通流理论和分析方法，考虑出行者的出行行为异质性和多样性，对多种路径选择行为准则下多用户类并存的路网混合交通流均衡状态和演化过程展开研究，灵活客观地描述了实际路网交通流动态演化过程，为制定交通流控制策略和交通规划设计方案等提供了一定的理论依据。

本书可作为交通工程专业和交通运输专业本科生教材，也可供相关专业从业人员作为参考之用。

**图书在版编目（CIP）数据**

城市路网出行交通流均衡调节机制 / 江向军，黄中祥著. — 北京 ：化学工业出版社，2025. 3. —（普通高等教育教材）. — ISBN 978-7-122-47380-6

Ⅰ. U491. 1

中国国家版本馆 CIP 数据核字第 2025CF0120 号

责任编辑：李　琰　宋林青　文字编辑：徐　秀　师明远
责任校对：杜杏然　　　　　装帧设计：韩　飞

出版发行：化学工业出版社
（北京市东城区青年湖南街 13 号　邮政编码 100011）
印　　装：北京科印技术咨询服务有限公司数码印刷分部
787mm×1092mm　1/16　印张 7½　字数 158 千字
2025 年 5 月北京第 1 版第 1 次印刷

购书咨询：010-64518888　　售后服务：010-64518899
网　　址：http://www.cip.com.cn
凡购买本书，如有缺损质量问题，本社销售中心负责调换。

定　　价：88.00 元

# 前言

在当今社会，随着城市化进程的加速和交通需求的不断增长，路网交通流的复杂性日益凸显，给城市交通管理与规划带来了前所未有的挑战。传统的交通规划理论，往往基于瓦尔拉斯均衡理论，侧重于单一的价格（或时间）调节机制，难以全面捕捉实际路网中出行者的多样化决策行为及其交互影响。鉴于此，《城市路网出行交通流均衡调节机制》致力于探索一种更为贴近现实的交通流分析框架，以经济学中的非瓦尔拉斯均衡理论为基石，特别是其价格-数量调节原理，来深入剖析路网出行者在路径选择过程中的复杂行为模式。

本书首先以个体出行者为研究对象，基于价格-数量行为调节原理，构建了价格-数量混合调节交通流网络摸索模型。该模型认为，个体出行者的路径选择同时受到价格和数量两种信号的影响，他们既会追求出行的快捷性（受价格信号影响），也会考虑出行的舒适性（受数量信号影响）。通过这一模型，深入探讨了不同行为调节原理下的路径选择行为所形成的交通流的演化轨迹，并明确了出行者路径选择行为与交通流状态之间的内在联系。然而，这一模型在刻画个体出行者的心理和行为复杂性方面可能仍存在一定的局限性，未来研究可进一步探索出行者的风险偏好、习惯行为等因素对路径选择的影响。

进一步地，本书将研究视野拓展至群体出行者，特别是多用户类共存的路网环境。在价格-数量混合调节框架下，建立了多用户类混合交通流比例调整模型，深入分析了遵循不同均衡准则的出行者之间的相互作用及其导致的交通流演化过程。这一研究不仅丰富了混合均衡演化的理论体系，还为揭示路网交通流及其均衡状态的复杂调整机制提供了有力的工具。但值得注意的是，现实路网中的出行者行为可能受到更多因素的影响，如天气、交通管制等，这些因素在模型中可能未能充分考虑，因此模型的适用性仍需进一步验证和拓展。

考虑到出行者对路网信息掌握程度的差异性，本书进一步探讨了不同信息完备程度环境下的多准则-多用户类混合均衡交通流演化过程。通过定义路径快捷性、舒适性以及经济性选择行为准则，并结合出行者的信息获取能力，构建了更为精细的混合交通流演化模型，不仅考虑了出行者的异质性和个体差异，还为理解实际路网交通流的动态演化提供了更为灵活和客观的描述。然而，在信息的获取和处理方面，模型可能过于简化了出行者的决策过程，未充分考虑信息的不确定性、延迟等因素对出行者决策的影响。

此外，本书还研究了考虑非可加路径费用函数的多准则-多用户类混合均衡交通流演化过程。这一研究突破了传统路径费用可加性的假设，更为准确地捕捉了现实路网中路径费用的复杂性及其对交通流演化的影响。通过数值模拟和理论分析，我们发现考虑路径费用不可加条件的路网交通流演化轨迹具有更快的收敛速度，为交通流调控和路网优化策略的制定提供了有益的参考。然而，这一研究在路径费用的非可加性方面可能仍存在一定的假设和简化，未来研究可进一步探索路径费用的实际构成和影响因素，以更准确地反映现实路网中的情况。

本书由江向军、黄中祥合作完成，在本书的编写过程中，得到了湖南警察学院高层次人才科研启动专项基金项目“多用户类交通流动态演化研究”（项目编号：2021KYQD19）、长沙市自然科学基金项目“基于微透镜阵列光场成像的自动驾驶场景重建研究”（项目编号：kq2208063）、湖南省普通本科高校教学改革研究一般项目“公安院校交通管理工程专业课程思政教学改革研究”等的支持，在此，一并表示感谢。

尽管本研究取得了一定的成果，但仍存在不足之处和有待进一步探索的领域。我们期待未来的研究能够在此基础上不断深化和完善，为交通工程领域的发展做出更大的贡献。希望本书的出版能够为读者提供有益的参考和启示，共同推动交通流理论研究的深入发展。我深感荣幸能够将这些研究成果呈现给读者，并期待它们能为相关领域的研究和实践贡献绵薄之力。

笔者

2025年1月

# 目 录

# 第 1 章 绪 论

## 1.1 交通流概述

连续不断的车辆在道路上行驶，形成车流，称为交通流。交通流是由单个驾驶员和车辆组成的，受驾驶员的反应判断能力及驾驶技术水平的影响，交通流中的车辆行为不可能一致。也就是说，即使在完全相同的环境中，也不会存在两个表现完全相同的交通流(vehicle & driver)。所以研究交通流问题与研究纯物理现象是不相同的。但是，从统计意义上讲，驾驶员的行为规范总在一个合理的范围之内，因而也就存在一个合理一致的交通流过程。

### 1.1.1 交通流

定量描述交通流，一方面是为了理解交通流特性的内在变化，另一方面也是为了限定交通流特征的合理范围。为此，必须定义一些重要参数。

定义这些参数，研究交通流特性是交通流理论的重要研究内容。

首先明确交通流、交通流特性、交通流参数的含义。

➢ 交通流：连续不断的车辆（行人）在道路上行驶，形成的车流（行人）称为交通流，没有特指时交通流一般指机动车流。

➢ 交通流特性：交通流运行状况的定性、定量的特征称为交通流特性。

➢ 交通流参数：用以描述交通流特性的一些物理量称为交通流参数。基本参数为流量、速度和密度；其他参数为车头时距、车头间距、道路占有率及延误等。

### 1.1.2 交通流特性

交通流三个最重要的特性是流量、速度和密度特性，本节主要简单介绍这三个参数的定义与它们之间的关系。

(1) 交通量

① 交通量的定义。交通量是指在单位时间内通过道路某一断面的交通实体数。

a. 单位时间：单位时间可长可短。

b. 道路某一断面：断面可大可小、内侧或外侧车道、上行或下行方向。

c. 交通实体数：指真正发生交通行为的车辆和行人。

② 交通量的特点。

a. 交通量是一个随机变量：对某一断面而言，$t$ 时刻和 $t+\Delta t$ 时刻交通量可能不相等，同样 $s$ 处和 $s+\Delta s$ 处的交通量也可能不相同。交通量的这种随时间和空间发生变化的特性叫作交通量的时空分布特性。

b. 交通量的流率表现形式：当观测交通量的时间不足一个小时的时候观测到的交通量叫作流率。

$$\text{小时流量}=n\text{ 分钟内观测到的车辆数}\times\frac{60}{n},n\text{ 为观测时间。}$$

例：15min 内观测到的车辆数为 100 辆，则小时流量为 $100\times\frac{60}{15}=400$ 辆/h。

③ 交通量的分类。

a. 按交通实体类型，可以分为机动车交通量、非机动车交通量和行人交通量。

b. 按考察时间单位分。

(a) 年平均日交通量（AADT）：一年内的交通量总数除以一年的总天数。

AADT 广泛应用在道路的规划、设计和管理中［如公路分级采用的就是 AADT，公路工程技术标准中四车道 Freeway（高速公路）适应 AADT 为 25000～55000 辆，道路设计时就是通过规划年 AADT 来确定道路建设等级］。

(b) 月平均日交通量（MADT）：一个月内的交通量总数除以一个月的总天数。

(c) 周平均日交通量（WADT）：一个星期内的交通量总数除以 7。

(d) 平均日交通量（ADT）：某时间段内观测到的交通量（>1 天）除以该时间段的天数。

(e) 年平均月交通量 AAMT：即一年的交通量的总和除以 12，以辆/月来量测。

(f) 小时交通量：年最大小时交通量 MAHV（8760 小时中取最大值）；高峰小时交通量 PHT（全天 24 小时中取最大值）；第 30 位最高小时交通量 30HV（8760 小时中从大到小排到 30 位）；设计小时交通量 DHV（按交通量发展变化确定道路建设规模时的交通量）；单向设计小时交通量 DDHV（考虑交通量的方向分布特性）。

c. 按观测断面位置分。双向交通量、单向交通量、车道交通量、路段交通量、交叉口交通量、人行横道交通量、人行天桥交通量等。

④ 交通量的计算。

a. 根据定义直接计算

$$q=\frac{N}{T} \tag{1.1}$$

b. 根据车头时距计算。若认为每辆车有一个与其关联的车头时距 $h_i$，则观测时段 $T$ 和车头时距 $h_i$ 有如下关系：

$$T=\sum_{i=1}^{N}h_i \tag{1.2}$$

$$q=\frac{N}{T}=\frac{N}{\sum_{i=1}^{N}h_i}=\frac{1}{\frac{1}{N}\sum_{i=1}^{N}h_i}=\frac{1}{\bar{h}} \tag{1.3}$$

式中，$N$ 为量测的车头时距次数；$\bar{h}$ 为平均车头时距。若车头时距以 s/辆来统计，则有 $q=\frac{3600}{\bar{h}}$辆/$h$。

c. 根据瞬时流量计算

有些研究认为把瞬时流量与每辆车的车头时距联系起来会有用，这样

$$q_i=\frac{1}{h_i} \tag{1.4}$$

$$q=\frac{1}{\bar{h}}=\frac{1}{\frac{1}{N}\sum h_i}=\frac{1}{\frac{1}{N}\sum\frac{1}{q_i}} \tag{1.5}$$

即平均流量等于各个流量的调和中项。

(2) 速度

速度是指在单位时间内通过的距离，即 $v=\frac{\Delta s}{\Delta t}$，但是如果距离和时间的定义不同，速度的定义也就不一样了。

① 地点车速（spot speed）（瞬时速度、点速度）

$$v=\frac{\mathrm{d}x}{\mathrm{d}t}=\lim_{t_2\to t_1\to 0}\frac{x_2-x_1}{t_2-t_1} \tag{1.6}$$

观测地点车速时，两断面间的间隔以 20～25m 为宜，地点车速常用于道路的规划和交通管制中，如某一地点要做限速处理。

② 行驶车速（running speed）。行驶车速是车辆行驶在道路某一区间的距离与行驶时间（不包括停车时间）的比值，常用来评价道路线形的好坏和作通行能力分析，也可用于评价运输成本（调查较难）。

③ 行程车速（overall speed）。行程车速又叫作区间车速，是指车辆行驶在道路某一区间的距离与行程时间（包括停车时间）的比值，常用于评价道路的通畅程度，估计行车延误等。

④ 运行速度（operating speed）。运行速度是车辆行驶某一路程与全部运行时间（包括行驶时间，装卸货、上下客等有效时间）之比。常用于评价车辆运行的周转情况。

⑤ 临界速度（critical speed）。临界速度指道路的理论通行能力达到最大时的车速，又称最佳速度。常用临界速度选择道路的等级。

⑥ 设计速度（design speed）。设计速度是指在气候正常、交通密度小的情况下，具有中等驾驶技术水平的驾驶员所能维持的最高安全速度，主要用于道路线形的几何设计（如平曲线、竖曲线半径等，都与设计速度相关）。

(3) 密度

如何来衡量交通是拥挤还是畅通呢？是否可以用交通量来判断？

假设长度为 $L$ 的道路上有 $N$ 辆车，那么车辆间的间距为$\frac{L}{N}$。当 $N$ 大时，$\frac{L}{N}$小，交通拥挤；当 $N$ 小时，$\frac{L}{N}$大，交通畅通。

① 交通密度 $K$ 定义。在某一瞬间，单位长度单车道上的车辆数即为交通密度，常用 $K$ 表示，单位为辆/km。

$$K=\frac{\text{车辆数}\ N}{\text{观测路段长度}\ L} \tag{1.7}$$

② 车头时距和车头间距。

a. 定义。

(a) 车头间距：同向行驶的一列车队中，两连续车辆的车头之间的距离即为车头间距，单位：m/辆。

$$h_s=\frac{L}{N}(\text{m/辆}) \tag{1.8}$$

利用密度公式，有：

$$K=\frac{1000}{h_s} \tag{1.9}$$

(b) 车头时距：同向行驶的一列车队中，两连续车辆的车头到达道路某一断面的时间间隔即为车头时距，单位：s/辆。

$$h_t=\frac{h_s}{V_s}(\text{s/辆}) \tag{1.10}$$

式中，$V_s$ 为空间平均车速。空间平均车速又叫区间平均车速，有两种定义：一种是车辆行驶一定的距离与对应的平均行驶时间的比值；另一种是在某一个瞬间，给定的路段上所有车辆车速分布的平均值。

交通量为 $Q$，则一个小时内有 $Q$ 个车头时距，或 $h_t$ 内有一辆车通过：

$$Q=\frac{3600}{h_t} \tag{1.11}$$

b. 平均密度。记 $h_{s_i}$ 为第 $i$ 辆车与前车之间的车头间距，则有：

$$k_i=\frac{1}{h_{s_i}}=\frac{1}{h_{t_i}v_i} \tag{1.12}$$

$$\bar{k}=\frac{N}{\sum h_{s_i}}=\frac{1}{\frac{1}{N}\sum h_{s_i}}=\frac{1}{\frac{1}{N}\sum\frac{1}{k_i}} \tag{1.13}$$

式中，$\bar{k}$ 为平均密度。

c. 利用 $h_t$ 和 $h_s$ 推导交通流基本关系式

$$h_t=3600/Q \tag{1.14}$$

$$h_s=\frac{1000}{K} \tag{1.15}$$

因为 $h_s=h_tV_t$

所以 $Q=3.6V_tK$（速度单位 m/s）

$Q=V_tK$（速度单位 km/h）

式中，$V_t$ 为时间平均车速，指单位时间内通过道路上某一断面的车速分布的平均值。道路上有一个断面Ⅰ—Ⅰ，在单位时间 $t$ 内有 $n$ 辆车通过，对通过该断面的 $n$ 辆车的地点车速求平均值，得到时间平均车速，$V_t=\frac{1}{n}\sum_{i=1}^{n}V_i$。

### 1.1.3　宏观交通流模型

基于路网的交通流优化和评价模型，提供网络交通效果评价的基本理论和基本方法，从而用于以下几方面：同一城市不同时期的交通效果对比分析；不同城市同一时期的交通效果对比分析；路网交通设施设计评价。

（1）以中央商务区（The central business distirct，CBD）为中心的交通特性

交通强度：是指单位面积上单位时间内通过的所有车辆（标准车辆数）的行驶距离总和。CBD 为城市交通最敏感的地区，交通强度与距 CBD 的距离有关。

$$I=A\exp(-\sqrt{r/a})\tag{1.16}$$

式中，$A$、$a$ 为待定参数；$I$ 为交通强度，pcu/(h·km)；$r$ 为距 CBD 的距离，km。

假设在 CBD 的速度为 $c$，$a$、$b$ 为常量，$r$ 为距 CBD 的距离（km），平均速度 $u$ 与距 CBD 的距离 $r$ 间的函数关系可表示为如下几种：

$$u=ar^b\quad r>0\tag{1.17}$$

$$u=a-be^{-cr}\tag{1.18}$$

$$u=\frac{1+b^2r^2}{a+cb^2r^2}\tag{1.19}$$

（2）一般网络模型

① 网络通行能力。

$$N=\alpha fC\sqrt{A}\tag{1.20}$$

式中，$N$ 为单位时间内进入中心区的车辆数，取决于路网形态，包括道路宽度、交叉口控制类型、交通分布和车辆类型等；$\alpha$ 为待定参数，可以作为度量路网特征和交通行为的特征值；$A$ 为城区面积；$f$ 为道路占地比例；$C$ 为交通能量（单位时间单位道路宽度通过的车辆数）；$C$ 值的估计可用速度-流量模型进行估计，假设有 $q=2440-0.220u^3$，$q$ 为平均流量（pcu/h），将 $q$ 除以道路宽度即可得 $C$。

② 速度-流量关系。如线性模型、指数模型、对数模型等。平均行程速度 $u$（m/h）与行驶速度的平均值 $u_r$（m/h）之间的关系：

$$\frac{1}{u}=\frac{1}{u_r}+fd\tag{1.21}$$

式中，$f$ 为每英里交叉口个数；$d$ 为每个交叉口的平均延误，h；$u_r$ 可用线性模型，即 $u_r=a(1-q/Q)$，$d=\frac{b}{1-q/(\lambda S)}$，$\lambda$ 为绿信比，$Q$ 为通行能力，$S$ 为饱和流率。

③ 网络模型。

$I=\alpha\ (u/R)^m$，$I$ 为交通强度，是单位时间内单位面积上所有车辆运行距离的总和；$R$ 为道路密度，单位面积上的道路长度或面积；$u$ 为加权区间平均速度。

(3) 二流模型

交通流中的车辆可以分为两类，也就是二流，一类是运动车辆，一类是停止车辆。停止车辆是指在交通流中停顿下来的车辆，不包括车流以外的停车，如停车场的停车、两旁停车位中长时间的停车等。将交通流分成二流的目的就是要定量描述路网的服务水平。

二流模型基于以下两条假设：

① 车流在路网中的平均行驶速度 $u_r$ 与运行车辆所占的比重 $f_r$ 成比例，即 $u_r=u_m f_r^n$，其中，$u_m$ 为最大平均行驶速度。应用：定义平均行程车速 $u_t=u_r f_r$，则有 $u_t=u_m\ (1-f_s)^{n+1}$，$T_t=T_m\ (1-f_s)^{-(n+1)}$，$f_s$ 为停止车辆比例，$n$ 为道路交通服务质量的参数。

② 网络中循环试验车辆的停车时间比例与网络中同期运行车辆的停车时间比例相等。有 $f_s=T_s/T_t$，则 $T_r=T_m^{\frac{1}{n+1}}T_t^{\frac{n}{n+1}}$

参数 $n$ 和 $T_m$ 能很好地反映城市路网的交通状况。

$T_m$ 是单位距离上平均最短行驶时间，是车辆在路网上没有任何停顿且行驶畅通时所耗时间，可用低流量下的最小平均行驶时间代替。$T_m$ 大，说明路网条件差。

$n$ 值的大小代表路网环境变化的快慢，$n$ 值较大时，随着交通需求的增加，路网环境变差的速度较快。二流模型参数反映了路网对交通需求的敏感性。

考虑路网形态对路网服务水平的影响，建立路网的地理形态和交通控制状态与二流模型参数之间的定量关系，从而分析这些因素对路网的交通服务水平的影响。一般建立线性模型。

(4) 二流模型与网络交通模型

令 $f_s=f_{s,\min}+(1-f_{s,\min})(K/K_j)^\pi$，其中，$f_{s,\min}$ 为最小停车比，$K_j$ 为阻塞密度，$\pi$ 为反映路网服务质量的参数。将其代入线性的速-密模型或交通流模型中可得不同的交通流模型。

$u_t=u_m(1-f_s)^{n+1}$，有指数模型存在，故可得另一种交通流模型。

### 1.1.4 交通流预测模型

(1) 交通流预测的应用

在交通系统中对交通流的预测由来已久。但是，在不同问题的研究中，预测的目的不同，预测时间跨度 $\Delta t$ 的取值存在较大的差异，对预测的侧重点、要求的精度都有所不同。

① 交通规划中的长期预测。在对路网进行规划、设计中，需要对未来交通的需求量（交通流量）进行预测，以确定未来路网的规划方案，或在具体设计时，决定每条道路的具体设计要求（包括道路宽度、车道、公路等级等）。此时交通预测是对被规划的路网在

使用期间的交通流量及其变化情况进行预测。这种预测一般以年为单位，即对未来若干年内的路网或道路上的平均（或最大）流量进行预测。由于规划设计只需对流量进行粗略的估计，所以长期交通流预测对预测的精度要求并不严格，同时由于长期交通需求的增长规律性较强，因此使用常见的回归预测或弹性系数等方法均能满足要求。

② 以交通管理为目的的中期预测。在制订交通管理的措施（如管制方案的制订、禁行路的设置）时，往往需要对一段时间内以月、日、小时为单位对交通流量分布进行估计，这种估计和预测是针对聚集的宏观交通流，由于考虑问题的时间段较长，因此，各类限制干扰的影响可以忽略不计。这种中期预测虽然比长期预测要求的精度高，但由于交通流在不同区间内分布的规律性较强，这种预测的实现及达到所要求的准确度并不困难。

③ 以实时控制和引导为目的的短时交通流预测。由于控制和引导的变化较快，为控制和引导服务的交通预测，预测周期必须与控制与引导的周期相一致，这样预测时间跨度较之前两种大大缩小，一般不超过 15min，而随着预测周期的缩短，交通流变量的规律性越来越不明显，各种干扰所造成的影响就越来越大，这将使短时交通流的变化显示出更明显的不确定性，因而也就决定了短时预测与中、长期预测相比，将面临更大的困难。另一方面，由于对未来的路况及流量分布，系统是无法直接测量的。因此这种短时交通流的预测又是 ITS 中一个无法回避的问题，实时准确的预测是 ITS 实现对交通高效率管理的前提和基础，预测问题解决的程度，直接关系到控制与引导的效果。

（2）短时交通流预测的定义

交通流的流量是指在时刻 $t$ 至 $t+\Delta t$ 内（$\Delta t$ 为时间跨度）通过某一路段观测点的车辆数。

设：$v_i^{\alpha}(t)$ 为路网中第 $i$ 条路段上某个观测点 $\alpha$ 在时刻段 $t-\Delta t$ 至 $t$ 内的累计流量，$\Delta t$ 为预测周期，在短时交通流的预测中，一般 $\Delta t \leqslant 15\text{min}$，同样，$v_i^{\alpha}(t-n\Delta t)$，$v_i^{\alpha}(t+n\Delta t)$ 分别表示其前、后 $n$ 个时段内的流量。对某个具体的问题，由于 $\alpha$ 和 $\Delta t$ 是固定的，因此 $v_i^{\alpha}(t-n\Delta t)$，$v_i^{\alpha}(t+n\Delta t)$ 简记为 $v_i(t-n)$，$v_i(t+n)$。

$h_i(t)$ 为相同地点相同时段的历史统计数据；与第 $i$ 个路段相邻接的 $m$ 个上、下游路段，其标号为 $i+j(j=1,2,\cdots,m)$。

短期交通流预测就是根据已知的第 $i$ 路段及 $i+j$ 路段在过去 $P$ 个时刻的流量

$$V_{i+j}(t-k) \quad (k=1,2,\cdots,P;j=0,1,2,\cdots,m) \tag{1.22}$$

及相关的统计数据

$$h_{i+j}(t+k) \quad (k=0,\pm1,\pm2,\cdots;j=0,1,\cdots,m) \tag{1.23}$$

求出第 $i$ 路段未来 $k$ 个时间段内流量 $V_i(t+k)(k=1,2,\cdots,n)$ 的估计值。我们把这些预测 $V_i(t+k)$ 的数据依据称为预测因子。

预测因子主要包括时间和空间两方面的数据。时间上的数据是指 $i$ 路段的过去若干个时间间隔的流量及历史平均值；空间上的数据是指与 $i$ 路段相邻的上、下游路段的当前及过去各时刻的流量。在 ITS（智能交通系统）中，这些数据是由交通车辆检测器测得，经计算机计算、处理并存储在相应的数据库中。

(3) 短时交通流预测基本原理

交通流预测是指在时刻 $t$ 对下一决策时刻 $t+\Delta t$ 乃至以后若干时刻的交通流作出实时预测。一般认为 $t$ 到 $t+\Delta t$ 之间的预测时间跨度不超过 15min（乃至小于 5min）的预测为短时（short-term）交通流预测。按照预测的内容交通流预测可分为：交通流量、交通速度、交通密度这三个基本参数的预测以及车辆占有率的预测等。下面以交通流量为例说明交通流预测的基本原理。

设：$v_i(t)$ 为路网中第 $i$ 条路段上某个观测点在时刻段 $t-\Delta t$ 至 $t$ 内的累计流量，$\Delta t$ 为预测周期，一般 $\Delta t \leqslant 15\text{min}$；$v_i(t-k\Delta t)$，$v_i(t+k\Delta t)$［以后以 $v_{i+j}(t-k)$，$v_{i+j}(t-k)$ 表示］表示其前、后 $k$ 个时段内的流量；$h_i(t)$ 为相同地点相同时段的历史统计数据；与第 $i$ 个路段相邻接的 $m$ 个上、下游路段，其标号为 $i+j$，$j=1$，2，…，$m$。

短期交通流预测就是根据已知第 $i$ 路段及 $i+j$ 路段在过去 $P$ 个时刻的流量 $v_{i+j}(t-k)$ $(k=1,2,\cdots,P;j=0,1,2,\cdots,m)$ 及相关的统计数据 $h_{i+j}(t+k)(k=0,\pm1,\pm2,\cdots;j=0,1,\cdots,m)$；求出第 $i$ 路段未来 $k$ 个时间段内流量 $v_i(t+k)(k=1,2,\cdots,n)$ 的估计值，并把这些预测值 $v_i(t+k)$ 称为预测因子。

在短时交通量预测中，预测周期不超过 15min，并且随着预测周期 $\Delta t$ 的减小，实时性的逐步提高，交通流表现出越来越强的不确定性，这就给短时交通量预测带来了困难。

(4) 短时交通流预测模型应具备的特性

人们在 20 世纪 60 年代开始就把在其他领域应用成熟的预测模型用于短时交通流预测领域，开发了众多预测模型和方法，根据短时交通流预测的特点，用于短时交通流预测的模型应该具有以下特性：

① 时间适应性。交通量的预测将会影响出行者的路线选择，出行者的路线选择反过来会影响交通预测的精度，故预测模型应具有这种适应性。

② 处理时间序列数据的能力。

③ 能输出在某精度条件下预测值的变化区间，而不仅仅是某个定值。

④ 抗噪声能力。天气变动等会带来交通流的不正常变化，建立的模型应该能依据具有噪声的历史数据做正确预测。

⑤ 快速计算能力。

(5) 短时交通流预测方法及评价

按照预测方法的不同，预测模型划分为四类：统计模型、神经网络模型、非线性系统理论模型以及动态交通分配模型等。

① 统计模型主要有回归模型、自回归模型、滑动平均模型、极大似然估计模型、Markov 预测、卡尔曼滤波等。

较早研究的是历史平均（HA）模型，其方法简单，但精度较差，无法反映交通流的时间变化特性。随后发展了滑动平均模型（MA）、自回归模型（AR）、自回归滑动平均模型（ARMA）、极大似然（ML）估计模型等，这些模型考虑因素较为简单，参数一般用最小二乘法或极大似然估计法进行在线估计，相对而言，计算简便，易于适时更新，便于应用。但由于这些模型无法反映交通流的不确定性与非线性特性，抗干扰能力差。为适应短时交通流量变化的非线性特点，对回归模型进行改进，出现了如 k-阶最近邻域估计（k-NNE）、内核估计（KE）、局部线性回归（LLR）、非参数回归、卡尔曼滤波等方法。

卡尔曼滤波（kalman filtering）是一种先进的控制方法，是一种基于线性回归的预测方法，采用由状态方程和观测方程组成的线性随机系统的状态空间模型来描述滤波器，并利用状态方程的递推性，按线性无偏最小均方误差估计准则，采用一套递推算法对滤波器的状态变量作最佳估计，从而求得滤掉噪声的有用信号的最佳估计。

卡尔曼滤波具有独特的优点：具有广泛的适应性，由于卡尔曼滤波采用较灵活的递推状态空间模型，既能处理平稳数据，也能处理非平稳数据；只要对状态变量作不同的假设，就可用其描述及处理不同类型的问题；具有线性、无偏、最小均方差性；便于在计算机上实现，且大大减少了计算机的存储量和计算时间，适于在线分析；预测精度较高。卡尔曼滤波方法发展至今已有多种，如线性滤波、非线性滤波、自适应滤波以及各种简化滤波等方法。但是，利用卡尔曼滤波须计算参数向量 $\boldsymbol{H}_k(t)$，需要作大量的矩阵和向量运算，算法较为复杂。

总的说来，基于统计方法的预测模型，建模有充分的理论基础，容易理解，但是由于它们的理论基础大多数是线性估计模型，当预测间隔小于 5min 时，由于交通流量变化的随机性和非线性加强，模型的性能变差；预测时仅仅利用了本路段的历史资料，没有考虑相邻路段的影响，这是影响其预测精度的原因之一。

② 神经网络（neural network，NN）指模拟人脑结构及其功能的一种新型处理系统，它是由大量简单的称为神经元的处理单元以某种拓扑结构广泛地相互连接而构成的非线性动力学系统。

神经网络是一个由一些高度相关的处理单元所组成的计算系统，由以下单元组成：

a. 处理单元（神经元）：基本组成部分；

b. 连接权重：联系处理单元；

c. 输入层、输出层、隐层；

d. 转移函数：处理单元。网络通过学习训练后即可用来进行交通流预测。

神经网络是一种新兴的数学建模方法，具有识别复杂非线性系统的特性，比较适合交通流量的预测。神经网络对环境的变化有较强的自适应学习能力，有较好的抗干扰能力，通过反馈网络的实时递归学习，能依据实时信息更新网络，保证预测的实时性，而且既可以充分利用研究路段的历史数据、相关路段的历史数据进行预测，也可以考虑更多的交通流影响因素，如道路交通条件、天气情况、过街行人干扰程度等。但是从系统建模的角度而言，它采用的是典型的黑箱（black-box）型学习模式，在学习完成后获得的输入/输出关系无法用容易被人接受的方式表示出来，而且在学习阶段需复杂的训练程序，既需要大量的样本数据，同时由于收敛速度慢，一般需要较长的训练时间，模型的全局收敛性也无法保证，训练后的模型只适用于本段的流量预测，并不适用于其他路段，故推广能力差。

神经网络模型与其他分析、计算方法结合更能发挥其优越性。神经网络与模糊预测相结合建立的神经网络模糊预测模型利用了模糊系统的强容错能力和容易被人接受的“如果……则……”的表达方式，从而弥补了神经网络黑箱型的学习模式。高阶广义神经网络

（HGNN）与遗传算法（GA）相结合，弥补了传统神经网络存在转移函数固定和网络结构设计难度大等不足，实现了参数的自适应调整，而且充分利用了遗传算法具有全局模拟优化的特点。时延神经网络（TDNN）最简单的方式是在通常的静态网络外部加入延时单元，把时间信号展成空间表示后再送给静态前向网络。TDNN 发展成时空神经元模型后，既可研究平稳序列，也可处理非平稳序列。

③ 非线性预测已经开发了混沌动力学预测法、混沌情景预测法、混沌唯象预测法、分形预测法等，其中发展较成熟的预测方法是小波分析、分形预测。

非线性预测主要以混沌理论、耗散结构论、协同论、自组织理论等非线性系统理论为理论基础，利用有关混沌吸引子概念、分形概念、相空间重构方法、数字生态模拟法（data ecology）等建立预测模型。当预测周期 $\Delta t$ 缩小到 5min 或更短，交通流的不确定性、非线性更强，采用非线性预测有很强的适应性。

小波分析方法是对一组已知的交通流时间序列 $v_i^0$（将原始信号视为尺度 0 上的信号）和选定的尺度函数 $\phi(t)$、小波函数 $\varphi(t)$ 及其对应的分解系数序列 $\{a_n\}$、$\{b_n\}$、重构系数序列 $\{p_n\}$、$\{q_n\}$，进行 $N$ 尺度的分解，得到一个基本时间序列信号 $v_i^j$ 和一组干扰信号 $w_i^j(j=1,2,\cdots,N)$，然后利用其他预测方法（如 ARMA）对分解后的近似信号、干扰信号进行预测，将分解信号及相应的预测结果利用重构算法（如 Mallat 算法）得到原尺度的信号及其预测结果。

在小波分析中，多尺度方法对于高频扰动信号具有较强的适应能力，在强干扰作用下，该方法较之普通的时间序列方法具有更强的抗干扰能力，因此，多尺度时间序列的方法更适用于短时交通流的预测。

但是对信号进行二进小波分解时，每次分解都将使信号样本减少一半，进行分解后，只能依据较少的样本数据来进行阶数和参数的估计，影响重构模型和预测精度。而且同时需要利用其他时间序列方法，这本身就影响了预测精度，限制了它的应用，而且也没有考虑相邻路段的影响。

小波分析能与神经网络相结合，建立隐层有两种单元［尺度函数 $\phi(t)$ 单元、小波函数 $\varphi(t)$ 单元］的小波网络。小波网络综合利用了神经网络和小波分析的优点，具有很强的函数逼近能力，增加了预测能力。

分形理论是描述复杂系统的一种强有力的工具。广义地，我们把形态、功能、信息等方面具有的自相似的研究对象统称为分形，把研究分形的性质及其应用的科学称为分形理论，分形几何揭示了系统的无标度性或自相似性，而分维是描写分形的定量参数，通常是一个分数。一般地，如果某个形体是由将整个形体缩小到 $1/\beta$ 的 $\beta^D$ 个形体所构成，则称 $D$ 为相似维数。由于短时交通系统存在自相似性，短时交通流量具有可预测性。短时交通流的分形预测方法的关键是分维，一般利用建立在 H. Whitney 的拓扑嵌入理论及 F. Takens 证明的状态空间重构的理论之上的 G-P 算法进行计算。就是利用观测到的交通流时间序列 $v_i(t-k)(k=1,2,\cdots,P)$，确定原交通流系统的嵌入空间维数 $m$ 和时滞参数 $\tau$，从而在 $m$ 维上建立一个与原交通流系统拓扑结构相同的动力学系统。对于 $m$ 维欧氏空间上的动力学系统 $\dot{v}=f(v)$ [其中 $v=(v_1,v_2,\cdots v_n)$ 是系统的状态向量，也可以看作系统相空间上的一个点]，随着时间的推移，其相空间上的轨迹可能渐进地趋向于其上的某个子集 $A$（$A$ 是系统的吸引子），这样对系统特性的研究也就转化为对吸引子的研究。

利用分形理论进行交通流量预测，存在很大的适应性和有效性。但是有一个基本前提，即当前的交通流演化过程与过去出现的交通流的变化过程具有自相似性。因此分形预测只能在无标度区间内作尺度变换，一旦逾越此区间，自相似将不复存在，系统也就没有分形规律了，这就限制了观测时间跨度。而且利用分形理论进行短时交通流预测的研究，在现阶段还仅仅是进行分维，若要用于预测，还需要进一步的研究。

④ 动态交通分配是通过采集实时交通数据资料，不断更新出行分布，利用动态交通分配方法分配交通出行量，从而得到路段实时交通量的方法。

此方法虽然理论充分，但是，已有的动态交通分配模型普遍存在如下缺点：优化计算时间过长，预测的实时性差，需要在实践中难以做到或无法做到的动态 OD 信息，而且由于采用递推方式的计算造成了误差的积累，分配结果的可靠度降低。为改善动态交通分配模型的不足，已有一些学者利用仿真来模拟动态交通分配，虽取得了一定的成就，但也没有得到可靠性很好的结果。

(6) 结论

短时交通流预测是交通管理与控制、路线引导的基础，建立的模型多种多样，各有特点，各有优缺。一般地，统计方法适用于时间跨度 $\Delta t$ 大于 5min 的短时交通流预测，当观测时间跨度小于 5min 时，可以采用小波分析、分形理论等进行预测。以上两类预测方法均未考虑相邻路段交通流的影响，影响了模型的预测精度。利用神经网络进行预测，虽能考虑相邻路段交通流的影响，但并不能保证训练精度、预测精度和计算快速。动态交通分配模型理论充分，但对其实际应用还有待进一步研究。以上模型一般未建立反馈系统，不能对模型进行实时修正和更新。总之，交通流的复杂性及预测模型的特性决定了准确的交通流预测不是单一模型或方法能够解决的，故预测过程中须解决的重要问题是根据当前的情况选择最适合的模型或组合模型，并能依据预测的效果对选择的模型进行判断和评价，以便改进。进一步的研究工作应该是在现有预测模型的基础上，建立反馈预测系统，实时修正模型，提高预测精度和实时性。

(7) 交通流预测的主要方法

道路交通系统是一个有人参与的、时变的、复杂的非线性大系统，它的显著特点之一就是具有高度的不确定性。这种不确定性不但有自然界方面的原因（如天气变化），也有人为因素的原因（如交通事故、突发事件、司机的心理状态），其中后者更加难以估计。这些因素都给交通流量的预测带来了困难，尤其是短期交通流量预测受随机干扰因素影响更大，因而难度更大一些。

二十世纪六七十年代，人们开始把在其他领域应用成熟的线性预测模型用于短期交通流量的预测，主要有自回归模型（AR）、滑动平均模型（MA）、自回归滑动平均模型（ARMA）和历史平均模型（HA）。其中前三种模型的一般形式是：

$ARMA$（$p$，$q$）：

$$\varphi(B)x_t=\theta(B)a_t \tag{1.24}$$

式中，$\varphi(B)$、$\theta(B)$ 是算子表达式。

$$\varphi(B)\equiv I-\varphi_1 B-\varphi_2 B^2-\cdots-\varphi_p B^p \tag{1.25}$$

$$\theta(B)\equiv I-\theta_1 B-\theta_2 B^2-\cdots-\theta_q B^q \tag{1.26}$$

式中，$B$ 为线性推移算子，$B^k y_t\equiv y_{t-k}$；$x_t$ 为平稳随机序列；$a_t$ 为有色噪声干扰项；$p$、$q$ 分别为自回归系数和滑动平均系数。

$AR(p)$：模型形式与式(1.24) 相同，但 $\theta(B)$ 中的 $\theta_1$，$\theta_2$，…，$\theta_q$ 均为零。

$MA(q)$：模型形式与式(1.24) 相同，但 $\varphi(B)$ 中的 $\varphi_1$，$\varphi_2$，…，$\varphi_q$ 均为零。

将这三种模型应用到交通流量预测问题上，实际上是把 $v_i(t)$ 序列看成平稳随机序列，应用时根据对预测因子选择的不同，将变量具体化即可。例如式(1.24) 中的 $x_t$ 可以是 $v_i(t)$。

HA：
$$v_i(t)=[h_i^{r-1}(t)+h_i^{r-2}(t)+\cdots+h_i^{r-d}(t)]/d \tag{1.27}$$

式中，$d$ 为向前追溯的天数；$r$ 为当天的序号。

此外，传统的回归分析模型也应用到了回归分析领域：

$$v_i(t+1)=r_1 v_{i+1}(t)+r_2 v_{i+2}(t)+\cdots+r_k v_{i+k}(t) \tag{1.28}$$

式中，$r_i(i=1，2，\cdots，k)$ 为待估计的参数。

这种回归分析模型的预测因子除了选择式(1.28) 中的上、下游相关路段流量以外，还可选择其他认为与 $v_i(t+1)$ 相关的变量，形式上较为灵活，但是最后估计出的参数要通过相关性检验，模型才能成立。

以上模型都是线性模型，参数一般都用最小二乘法进行估计，具有计算简便、易于实时更新数据、便于大规模应用的优点，但是由于模型本身的局限性，不能很好地反映交通流量受随机干扰因素的影响，从而也就无法对交通系统高度的不确定性与非线性作出反应。尤其是随着预测时间间隔的缩短，流量的规律性愈发不明显，不确定性越来越强，这些模型的预测精度就很难令人满意了。

为了适应短期交通流量变化的非线性特点，一种改良的有变形参数 $\lambda$ 的回归分析模型（又称 Box-Cox 法，1964 年提出）被应用到此领域中来，它的原始估计模型是：

$$Y^{\lambda y}=b_0+b_1 x_1^{\lambda_1}+b_2 x_2^{\lambda_2}+\cdots+b_p x_p^{\lambda_p} \tag{1.29}$$

应用到交通流量估计问题上时，较为常见的形式是各 $\lambda_i$ 均相同（$i=1，2，\cdots，p$），且只在等式右边出现。模型的 $Y$ 变量应被替换成 $v_i(t+1)$；等式右边的自变量根据对预测因子的理解灵活选择，例如可以是 $v_i(t)$，…，$v_i(t-p)$ 等。这个模型由于考虑到了一些非线性因素的影响，所以对短期交通流量的预测效果有所改善，付出的代价是加大了参数估计的计算量。

上述这些经典的预测模型一般用在中、长期交通流预测中，在短时交通流预测中效果并不理想。近年来，随着对交通控制与引导研究的深入，短时交通流量预测在交通管理中的作用更加突出，许多新的预测思想和方法纷纷被应用到了这个领域，取得了一定的效果。

各种交通流预测方法按预测因子的选择来分类，可分为时间序列分析法和因果预测法两类，前者用 $v_i(t)$，$v_i(t-1)$，…，$v_i(t-k)$ 来预测 $v_i(t+1)$；后者则用其他变量（例如上、下游路段流量）在 $t$ 时刻的值预测 $v_i(t+1)$；按预测方法的表现形式分，则可以分成基于数学模型的预测方法和无模型方法两大类。

① ARIMA 时间序列分析法。ARIMA（autoregressive-integrated moving average）时间序列也是一种线性预测模型，已经被应用到了城市交通控制系统中。ARIMA 模型首先针对非平稳随机序列 $v_i(t)$ 进行 $d$ 阶差分，再利用 ARMA$(p,q)$ 预测。ARMA 有三个模型参数 $p$、$d$、$q$，所以也常写为 ARMA$(p,d,q)$，其中，$p$ 为自回归周期数，$d$ 为差分阶数，$q$ 为移动平均周期数。它的原始预测模型可写成：

$$\nabla^d y_t=\Phi_1 y_{t-1}+\Phi_2 y_{t-2}+\cdots+\Phi_p y_{t-p}+a_t-\theta a_{t-1}-\cdots-\theta_q a_{t-q} \tag{1.30}$$

此模型用于交通流量预测时，$y$ 应被替换成 $v$，$a$ 是零均值白噪声；$\Phi$、$\theta$ 为模型参数。这个模型基本上是从纯时间序列分析的角度预测 $v(t+1)$，并没考虑上、下游路段之间的流量关系。

ARIMA（$p$，$d$，$q$）模型在估计参数时，必须依赖大量的不间断的时间序列，而在实际情况中，经常由于各种各样的原因造成数据遗漏，导致模型精度降低，这也就限制了 ARIMA 模型在大规模场合下的应用。此外，经实际检验，ARIMA 模型在预测时间间隔 $\Delta t \geqslant 30$min 时只比历史平均法（HA）略好一点，对于 $\Delta t \leqslant 15$min 的预测效果如何，也须进一步考察。

② 卡尔曼（Kalman）滤波法。卡尔曼（Kalman）滤波法是一种先进的控制方法，是以 20 世纪 60 年代 Kalman 提出的滤波理论为基础。在应用于短期交通流量预测之前，已成功应用在交通需求预测领域，预测精度较高。

这种方法实质上是一种回归的预测方法，用以估计预测时刻的交通流量的线性模型是：

$$\boldsymbol{V}^*(t+k)=H_0(t)y(t)+H_1(t)y(t-1)+\cdots+H_r(t)y(t-r)+w(t) \tag{1.31}$$

式中，$t$ 是当前时刻，$t+k$ 是预测时刻。不失一般性，假设 $\boldsymbol{V}^*(t+k)$ 是一个 $m$ 维向量。$\boldsymbol{H}_j(t)(j=0,1,2,\cdots,r)$ 是 $m\times n$ 维参数矩阵。$\boldsymbol{y}(t)$ 是 $n$ 维向量，包含着对交通流量预测有用的一些预测因子，是可以直接观测到的。$w(t)$ 是 $m$ 维的噪声干扰项。$H_j(t)$ 利用卡尔曼滤波理论进行估计。

用 $a_i^j(t)$ 表示 $H_j(t)$ 的第 $i$ 行，定义一个 $m\times n\times(r+1)$ 维向量 $\boldsymbol{b}(t)$：

$$\boldsymbol{b}(t)=[a_1^0(t),a_2^0(t),\cdots,a_m^0(t),a_1^1(t),a_2^1(t),\cdots,a_m^1(t),\cdots,a_1^r(t),a_2^r(t),\cdots,a_m^r(t)]^{\mathrm{T}} \tag{1.32}$$

再定义一个 $m\times[m\times n\times(r+1)]$ 维矩阵 $\boldsymbol{A}(t)$ 和一个 $m$ 维向量 $\boldsymbol{z}(t)$，取 $\boldsymbol{z}(t)=\boldsymbol{v}^*(t+k)$

$$\boldsymbol{A}(t)=\begin{bmatrix} y^{\mathrm{T}}(t) & & & y^{\mathrm{T}}(t-1) & & & y^{\mathrm{T}}(t-r) & & \\ & y^{\mathrm{T}}(t) & & & y^{\mathrm{T}}(t-1) & \cdots & & y^{\mathrm{T}}(t-r) & \\ & & y^{\mathrm{T}}(t) & & & y^{\mathrm{T}}(t-1) & & & y^{\mathrm{T}}(t-r) \end{bmatrix} \tag{1.33}$$

于是式(1.31) 可以写成：

$$\boldsymbol{z}(t)=\boldsymbol{A}(t)\boldsymbol{b}(t)+\boldsymbol{w}(t) \tag{1.34}$$

式中，$\boldsymbol{z}(t)$、$\boldsymbol{A}(t)$、$\boldsymbol{b}(t)$ 和 $\boldsymbol{w}(t)$ 分别被看作是观察向量、转移矩阵、状态向量和测量误差向量。

如果 $b(t)$ 是静态的，则有：

$$\boldsymbol{b}(t)=\boldsymbol{b}(t-1)+\boldsymbol{e}(t-1) \tag{1.35}$$

式中，$\boldsymbol{e}(t-1)$ 是 $m\times n\times(r+1)$ 维噪声向量。

按照 Kalman 滤波理论，在 $\boldsymbol{z}(t)$ 观察到后，$\boldsymbol{b}(t)$ 的最优估计值应由下式给出：

$$\hat{\boldsymbol{b}}(t)=\hat{\boldsymbol{b}}(t|t-1)+\boldsymbol{K}(t)[\boldsymbol{z}(t)-\hat{\boldsymbol{z}}(t)] \tag{1.36}$$

这里的 $\boldsymbol{K}(t)$ 就是 $m\times n(r+1)\times m$ 维的 Kalman 增益矩阵。$\hat{\boldsymbol{b}}(t|t-1)$ 和 $\hat{\boldsymbol{z}}(t)$ 是在 $\boldsymbol{z}(t)$ 观察到后，能够推导出的 $\boldsymbol{b}(t)$ 和 $\boldsymbol{z}(t)$ 的最优估计值。如果 $\boldsymbol{b}(t)$ 如式(1.35) 所假设的是静态的话，则有

$$\hat{\boldsymbol{b}}(t|t-1)=\hat{\boldsymbol{b}}(t-1) \tag{1.37}$$

$$\hat{\boldsymbol{z}}(t)=\boldsymbol{A}(t) \tag{1.38}$$

$$\hat{\boldsymbol{b}}(t|t-1)=\boldsymbol{A}(t)\hat{\boldsymbol{b}}(t-1) \tag{1.39}$$

于是式(1.36) 可写成：

$$\hat{\boldsymbol{b}}(t)=\hat{\boldsymbol{b}}(t-1)+\boldsymbol{K}(t)[\boldsymbol{z}(t)-\boldsymbol{A}(t)\hat{\boldsymbol{b}}(t-1)] \tag{1.40}$$

因为［ ］中的项描述了 $\boldsymbol{z}(t)$ 的预测误差，所以式(1.40) 意味着用最新的错误信息并经 Kalman 增益矩阵的调整来更新 $\hat{\boldsymbol{b}}(t-1)$。

Kalman 增益矩阵由以下的迭代算法推导：

$$\boldsymbol{K}(t)=\boldsymbol{S}(t)\boldsymbol{A}^{\mathrm{T}}(t)[\boldsymbol{R}(t)+\boldsymbol{A}(t)\boldsymbol{S}(t)\boldsymbol{A}^{\mathrm{T}}(t)]^{-1} \tag{1.41}$$

$$\boldsymbol{S}(t)=\boldsymbol{P}(t-1)+\boldsymbol{Q}(t-1) \tag{1.42}$$

$$\boldsymbol{P}(t)=\boldsymbol{S}(t)-\boldsymbol{K}(t)\boldsymbol{A}(t)\boldsymbol{S}(t) \tag{1.43}$$

$$\boldsymbol{S}(t_0)=\boldsymbol{D} \tag{1.44}$$

式中，$\boldsymbol{S}(t)$ 为估计误差 $\tilde{\boldsymbol{b}}(t|t-1)=\boldsymbol{b}(t)-\hat{\boldsymbol{b}}(t|t-1)$的协方差阵；$\boldsymbol{P}(t)$ 为估计误差 $\tilde{\boldsymbol{b}}(t)$ 的协方差矩阵；$\boldsymbol{R}(t)$ 为 $\boldsymbol{w}(t)$ 的协方差阵；$\boldsymbol{Q}(t)$ 为 $\boldsymbol{e}(t)$ 的协方差阵；$\boldsymbol{D}$ 为 $\boldsymbol{b}(t_0)$ 的协方差矩阵；$t_0$ 为起始时刻。

③ 多因素自适应参数的预测模型。这种方法将线性回归、历史平均和自回归模型结合起来，在预测 $v_i(t=1)$ 的时候，同时考虑上游路段的流量、$t+1$ 时刻的历史数据及第 $i$ 路段流量在其前若干时刻的时间序列，具体预测模型：

$$\begin{aligned} v_i(t+1)=&\alpha[\alpha_1 v_{i+1}(t)+\alpha_2 v_{i+2}(t)+\cdots+\alpha_k v_{i+k}(t)] \\ &+\beta[\beta_1 v_i(t-1)+\beta_2 v_i(t-2)+\cdots+\beta_l v_i(t-l)]+\gamma h_i(t+1) \end{aligned} \tag{1.45}$$

式中，$\alpha$、$\beta$、$\gamma$ 是三种模型在综合模型中的权重系数，$\alpha+\beta+\gamma=1$；$\alpha_i$ $(i=1,\ 2,\ \cdots,$

$k$）是回归模型的回归系数；$\beta_i$（$i=1$，2，…，$l$）是自回归模型的自回归系数。

当利用上述模型进行预测时，根据交通环境条件不同、预测时段不同，可以使用不同的$\alpha$，$\beta$，$\gamma$组合，使不同的模型在预测中起不同的作用。当$\alpha$，$\beta$，$\gamma$其中某一个或某两个的值为0时，上述模型就成为线性回归、历史平均和自回归模型中的一个或其中两个的组合。因此这种方法又称为自适应权重法。

④ 神经网络的预测方法。神经网络（neural network）是由许多并行的、高度相关的计算处理单元组成，这些单元类似生物神经系统的神经元。虽然单个的神经元的结构十分简单，但是，由大量神经元相互连接所构成的神经元系统所实现的行为是十分丰富的。与其他方法相比，神经网络具有并行计算和自适应的学习能力。神经网络系统是一个非线性动力学计算系统。神经网络模型有许多种类，经常使用的有BP网络、RBF网络、Hopfield网络、Kohonen网络、BAM网络等。近年又出现了神经网络与模糊方法、遗传算法相结合的趋势。该方法已在交通流预测中得到了应用。在交通流预测中应用最早、使用最多的是反传BP网络。

RBF网络是另外一种与BP网络结构相似的三层前向神经网络，由输入层、隐层和输出层组成。其中，各层节点数目分别为$N$、$M$和$L$（简单地，可取$L=1$），从输入层到隐层，输入向量的各个分量被无改变地传送到每一个隐层节点（即输入层节点与隐层节点之间无权值），每个隐层节点函数均为对称的核函数，每个隐层节点的输出值为：

$$z_i=\phi\left(\frac{\| x_k-c_i \|}{\sigma_i}\right) \quad i=1,2,\cdots,M \tag{1.46}$$

式中，$x_k$为第$k$个输入样本；$c_j$为该节点的“中心向量”；$\sigma_i$为“规划因子”。网络输出$Y$是隐层节点输出的线性加权和。与短期交通流量预测问题相结合，可取输出为$v(t+1)$的估计：

$$v(t+1)=w_0+\sum_{i=1}^{M} w_i \phi_i(\| x_k-C_i \|/\sigma_i) \quad i=1,2,\cdots,m \tag{1.47}$$

式中，$x_k$为各预测因子的样本；$w_i$为各隐层节点与输出节点的连接权值。

RBF网络对多变量非线性函数具有唯一最佳逼近的特性，近年来越来越受到人们的关注，它在短时交通流量预测上的应用也是成功的。

应用神经网络进行交通流预测的步骤如下：

第一步，根据实际情况，选择适当的网络结构作为预测工具，根据已确定的预测因子和被预测量决定网络的输入和输出，进而决定网络的结构（网络各层次的节点数）；

第二步，准备样本数据和样本的规范化处理，样本分为训练样本和检验样本；

第三步，利用训练样本对网络进行训练和学习；

第四步，利用检验样本对网络训练结构进行检验，验证网络的泛化能力；

第五步，用训练好的网络，根据已知的数据进行实际预测。

与传统的预测方法相比，神经网络预测方法的预测精度要更好一些。这主要得益于神经网络自身的特点。神经网络擅长描述具有较强非线性、难以用精确数学模型表达的复杂系统的特性，并且具有自适应能力。由于神经网络算法是离线学习，在线预测，所以几乎没有延时，实时性很好。此外，神经网络对预测因子的选择也较为灵活，任何认为与待预测交通流量有关的数据均可纳入输入向量中。但是，神经网络也有一些弱点，主要表现在以下几个方面：

由于使用大量的样本进行训练，所以神经网络的学习训练过程收敛较慢，容易产生“过度学习”的情况，陷入对样本值的机械记忆而降低了泛化能力。因此，应用神经网络目前很难做到在线学习，只能将学习与预测分离成两个阶段（一个离线、一个在线）来完成。

神经网络的训练与学习是基于训练样本所隐含的预测因子与被预测量的因果关系，这种学习不能反映外部环境的变化及其对预测的影响。因此，当预测对象所处的外部环境发生改变或以某一路段数据训练好的神经网络去预测其他路段（口）的交通流量时，预测的准确率就会大大降低，错误率明显上升。这是由单一的神经网络的有限学习能力所决定的，表明经过训练的神经网络并不具有良好的“便携性”。

截至目前，各类文献所见的基于神经网络的短期交通流的预测，最小的预测时间跨度 $\Delta t=15\text{min}$ 的水平上，对更小的预测周期，神经网络预测的适应性、精度及鲁棒性如何，还有待检验。

⑤ 非参数回归方法。从原理上讲，非参数回归与神经网络具有某种相似性，也是通过历史发生过的情况（样本）来总结预测因子与被预测量之间的关系。区别在于神经网络需要确定参数值（连接权值），非参数回归方法则认为在交通流运动的过程中，相同的情况或状态总是重复出现的，因此可以直接利用历史上发生过的预测因子与被预测量之间的对应关系进行推理。

该方法可以看作是一种“动态簇”模型：

$\Phi: M \to V$

其中，$M$ 由各个预测因子构成状态空间；$V \subset R$ 为交通流量的值域。

当给出了当前的一系列预测因子的值时，就确定了一个状态空间上的状态点，找到输入状态的某个邻域内曾经出现过的历史状态，以及这些状态下出现的交通流量实测值，待预测的流量值近似等于这些实测值。具体预测过程如下：

设各个历史数据存储于数据库 $K$ 中，$K=\{(x_i, v_i): x_i \in M, v_i \in V\}$ 对给定 $\varepsilon > 0$ 和当前状态 $x_t$，建立集合 $K_t$

$$K_t=\{(x_i, v_i): \| x_i - x_t \| < \varepsilon, x_i \in M, v_i \in V\} \tag{1.48}$$

计算 $v_t = \frac{1}{N} \sum_{(x_i, v_i) \in K_t} v_i$，$N$ 是 $K_t$ 中元素的个数。

这种计算方法是对相近的状态对应的流量进行平均得到预测结果，也可以根据历史点与现实点之间的偏差距离加权平均：

$$v_t = \frac{1}{N-1} \sum_{(x_i, v_i) \in K_t} \left(1 - \frac{\| x_i - x_t \|}{\sum_{i=1}^{N} \| x_i - x_t \|}\right) v_i \tag{1.49}$$

非参数回归的方法的优点是不必确定任何模型参数，预测计算量小。但是由于预测时需要对数据库进行搜索，当存储的历史数据较多时，查找近似点的效率就会降低，影响预测的速度。这样，为了保证搜索的效率，就必须对数据库进行维护，删除数据库中重复的信息点，增加新的信息点。此外，当交通环境变化后，导致状态与流量的对应关系发生变化，数据库中的数据不再适合新的情况，需要更新数据库中的数据。因此，这种方法的主要工作集中在对历史情况的判断、总结和维护方面。

⑥ 状态空间重构法。这是一种由混沌理论发展而来的预测技术。对于一个 $n$ 维的复杂系统，从物理上看，系统的任一状态的演化，都是由与之相互作用的其他状态所共同决定的（假设系统的各个状态变量之间是耦合的）。因此，这些相关状态的信息就应当隐含在任一状态的演化过程中。而实际问题中，对一个待研究的物理过程，要获得表示其动态特性的微分方程是十分困难的，往往我们只能观测到其中一个状态变量的变化（交通系统的流量研究也属于这种情况），则对它的一个时间演化的记录就构成了一个一维的时间序列，如果能够利用这个时间序列来构造一个系统，使该系统与原系统具有相同的动力学特性，这样多元系统的研究就转化成为对时间序列的研究。1981 年荷兰数学家 F. Takens 给出的状态空间的重构定理，保证了上述方法的准确性。

对于一个交通流系统，观测到交通流时间序列量的时间序列 $\{v(t)\}$（设样本长度为 $N$），可用以下算法预测 $v(t_N+\tau)$。

确定系统的嵌入空间维数 $m$ 和时滞参数 $\tau$。

对于 $\{v(t)\}$ 中的每一点 $v(t_i)$，都可以利用延时技术重构出状态（相）空间中的一点：

$$X(t_i)=(v(t_i),v(t_i-\tau),\cdots,v(t_i-(m-1)\tau))$$

根据最后一个已知值 $v(t_N)$，在状态空间中找出 $k$ 个与 $X(t_N)$ 距离最近的向量，它们位于以 $X(t_N)$ 为中心、$r$ 为半径的广义球内，即 $k$ 个 $m$ 维向量空间上的点都符合下式：

$$\|X(t_i)-X(t_N)\|\leqslant r \tag{1.50}$$

对于广义球内任意一个状态点 $X(t_i)$，都有一个后续的状态点 $X(t_{i+1})$。构造预测函数

$$f:=f(X(t_1),\cdots X(t_k)) \tag{1.51}$$

将根据预测函数 $f$ 得到的 $X(t_N+\tau)$ 投影到一维空间，得到所要预测的分量 $v(t_{N+1})$。

状态空间重构技术既有严格的理论基础，又有实际的操作方法，因而在非线性动力学的研究中有着广泛的应用，是分析混沌时间序列的有力手段之一。这种混沌时间序列预测方法应用于短期交通流量的预测，在原理上是有优势的，实践证明在实际应用中也是可行的。状态空间重构法的预测精度较好，从原理上分析特别适合短期预测。然而该方法在实际运用中也还有一些地方需要完善。

状态空间重构法是混沌时间序列预测的重要手段。那么交通流量序列到底是不是混沌时间序列呢？这关系到这种算法在此问题中应用的理论基础。随着对交通系统研究的不断深入，已有学者提出交通流序列也是具有混沌特性的时间序列的观点。

状态空间重构法的特点：

a. 算法较为复杂，可能造成延时。预测精度受 $m$、$k$、$\tau$ 等参数和预测函数的影响较大，单靠经验公式决定参数有时很难收到满意的效果，靠多次实验的方法又烦琐。现已有多种确定嵌入维数 $m$、邻域点数 $k$ 和时滞参数 $\tau$ 的算法和预测函数 $f$ 的构造方法被提出。具体采用哪些方法决定模型参量应视具体情况而定。

b. 基本上只能从时间序列的角度考虑预测问题，能否真正将交通系统中其他变量的变化信息包括进去还有待考验。

c. 算法所需数据样本量巨大，必须借助计算机来建模并且要花费较多的机时，不利于大规模应用。

除了典型的交通流预测方法外，还有许多学者在此基础上提出了一些改进或综合的方法。如基于时间图卷积网络的交通流预测方法、混合预测模型、基于浮动车数据的预测方法、基于视频监测的预测方法等。这些改进和综合的方法在提高交通流预测的准确性和实用性方面取得了显著的效果，为智慧城市和智能交通系统的发展提供了重要的技术支持。

## 1.2 交通流均衡研究背景

我国正处于科学技术和城市化进程迅速发展的阶段，目前已有很多新兴技术能有效地对城市出行者进行路径选择诱导。随着出行信息获取越来越便利，出行者路径选择行为成为一个动态决策过程。此外，出行者个体特性不同，具有不同的路径选择行为准则，导致了道路网络交通流动态演变过程的复杂化和交通流均衡状态的多样化。同时，由于交通供需双方均受到多种因素的干扰而处于波动之中，因此道路网络交通流呈现非均衡常态化。因此，如何更客观地描述不同路径选择行为准则对路网交通流均衡状态的影响，以及更准确地刻画多种路径选择行为准则下多用户类共存的路网交通流动态调整过程，成为交通流均衡研究亟须解决的问题。研究多种路径选择行为准则下多用户类共存的道路网络混合均衡交通流动态演化过程，把握路网交通流的变化规律和内在调整机制，能够增进对网络交通流的领会，提升交通流调控及路网优化策略的有效性。

然而，现有的交通流稳定状态研究都建立在严格的假设前提的基础上，而这些前提在现实情况中基本无法实现，故这类均衡状态仅为理论研究假设下存在的一个理想状态，与实际路网交通流的运行情况和调整过程相差甚远。在经济社会高速发展，汽车保有量急剧增加和交通拥堵日益严重的现实背景下，出行者在实际路网中，往往会依据其自身属性、出发时间以及出行目的等调整路径选择行为偏好。考虑到出行者的个体特性，出行者的路径选择行为表现出异质性和多样性，因此即使假设所有出行者都能掌握到完整的交通出行信息，当路网中存在较多的路径可供选择时，也无法保证所有的出行者都根据同一准则和变量进行出行路径决策，部分出行者会遵循价格调节机制选择时间最短路径（最快捷的路径），部分出行者则更倾向于服从数量调节机制，选择流量最低的路径（最舒适的路径），还有部分出行者会选择既快捷又舒适的路径，出行者的路径选择行为表现出一定程度的个体偏好性和异质性。在复杂多变的路网交通状况下，与路径旅行时间的长短相比，可选出行路径是否舒适、运行是否通畅是出行者的最直观感受，同时基于价格-数量调节原理考虑出行路径的快捷性和舒适性选择偏好已成为居民出行路径选择决策的一般要求，混合均衡交通流不是特定均衡流的简单叠加或者加权，因为各类出行者的路径选择行为会因为网络中流量的变化而相互影响，研究混合调节机制下的路网交通流混合均衡状态及其演化过程不可或缺。

综上所述，基于现有的研究成果，研究人员主要基于价格调节行为原理的路径出行时间最小化选择行为对路网交通流的动态演化过程进行研究。然而，针对多种路径选择行为准则下多用户类共存的路网混合均衡交通流演化过程研究相对较少。混合均衡交通流是城市道路网络交通流分布的一般形态，道路网络混合均衡交通流的动态演化研究是交通流理论研究和实践应用的基础。因此基于经济学非均衡理论中的价格-数量调节行为原理，研究多种路径选择行为准则下多用户类共存的混合交通流动态演化过程，不仅丰富了交通出行者的决策影响因素，灵活地反映出行者的个体特性，而且更有效地描述了与实际路网变化情况相符的交通流演化过程，能更好地帮助研究人员理解路网交通流受到干扰后的自动调整机制和变化形态，为合理制定城市交通拥堵疏散政策和获得可信的交通流预测成果奠定了基础。

另外，随着技术的不断进步，近年来越来越多的先进技术被应用于提高出行质量，缩小理想与现实的差距。出行者可以通过多种渠道和方式收集某一备选方案的信息，从而知道选择该方案而不选择另一方案是否有利于调整自己的出行选择行为，不同的路径调整原则可以在同一场景中共存。因此，多准则-多用户类的混合交通均衡问题应该是最重要的研究方向之一。网络混合均衡交通流的演化能较理想地刻画各类出行者在不同路径选择行为下的相互影响，并描述路网混合交通流从非均衡状态逐渐向均衡状态演化的过程。研究网络混合均衡交通流形成机理及动态演化过程，一方面能弥补单一均衡流模式的失真性，提高交通规划和网络设计的科学性，另一方面能加深对网络交通流调整规律和内在演化机制的理解，为制定网络交通流控制策略和交通规划设计方案等提供依据。

## 1.3 交通流均衡研究基础

### 1.3.1 均衡与非均衡

经济分析中的均衡指经济行为人从自身利益出发，认为已经实现了利益最大化，改变经济行为方式不能增加任何益处，从而不再具有做出改变的动力，此时该经济系统处于均衡状态；或者相互抗衡的力量（如供给和需求）在系统中的作用正好相互抵消，其作用结果为零，该经济系统处于均衡状态。均衡理论最重要的贡献在于建立了一个经济学理论研究的参照系。瓦尔拉斯均衡是假设存在有完全竞争的市场和富有弹性的价格体系基于效用最大化原则所得到的均衡。在瓦尔拉斯均衡理论中，调节供求变化，最终达到均衡状态的变量只有价格。均衡价格是通过价格的不断变动，调节交易者意愿的供给和需求，若干次反复，最终使交易者意愿的供给与需求相等来达到的。假设市场中有一位“拍卖人”，由他对要进行交易的某种商品叫价，市场中的各个经济行为人（商品的供给者和需求者）则根据这一价格来决定自己的供给或需求。如果叫价会导致供给与需求的数量不相等，则由拍卖人根据市场的具体情况重新叫价，其原则是当市场上的某种商品供不应求时则抬高叫价，当市场上的某种商品供过于求时则降低叫价。经济行为人总是依据商品的最新叫价相应地做出调节供给量或需求量的决策。直到拍卖人给出的价格刚好使各个市场上的供求达到一致，此时各个市场上买卖双方都能实现其交易愿望，资源达到最优配置从而实现了瓦尔拉斯的一般均衡。

非均衡即非瓦尔拉斯均衡，它不是反均衡，而是均衡状态的一种延伸。非均衡是指在受到外界因素影响后，市场原有的供需均衡状态被打破，而此时价格所起到的调整作用非常有限，导致市场供需关系处于不相等的一种状态。显然现实生活中非均衡才是常态，而均衡则是瞬时状态。非均衡理论认为市场供需关系无法完全依靠价格调节达到均衡状态[1]，指出传统的均衡理论存在两个固有缺陷：首先，它的全部理论都假设所有市场都能基于价格调节进行出清，显然这一假设在现实中不具有普遍真实性。因为价格具有某种程度的向下的刚性，换而言之，它不是完全弹性的，即价格不可能无限地随意降低，价格的确定与物品的内在价值以及市场供需关系相关，因此只通过价格调节是无法保证任意时间的市场供给与需求都保持一致的。其次，它认为行为人只能根据市场释放的价格信号对自身买卖的货物数量进行调整，忽视了市场内数量信号对货物价格的影响。

非瓦尔拉斯均衡也是一种“均衡”。由于它跟瓦尔拉斯均衡有本质的区别，可将其定义为广义均衡。加之瓦尔拉斯均衡与非瓦尔拉斯均衡的实现所依赖的经济条件有差异，所以导致两种理论体系存在差异。

① 当在一个完全竞争的市场结构中，价格具有充分弹性，瓦尔拉斯均衡便可实现。此时，市场在均衡价格体系下被完全出清，所有经济人都能根据其预算可能性实现其交易愿望。非瓦尔拉斯均衡则是一种短边均衡，如果市场上存在超额需求，则买方实现的需求小于他所愿意购买的数量，如果市场上存在超额供给，则卖方实现的供给小于他所愿意销售的数量。此时市场并未被出清，即有效需求与有效供给并不一致。

② 在瓦尔拉斯均衡体系中，供给和需求均是价格的函数，净超额需求具有概念性质。当市场调整只对概念净超额需求做出反应时，则在交易计划尚未发生实际效应时就可修改计划，比如拍卖人可根据概念净超额需求进行喊价试错，直到找到均衡价格。这样交易就不可能发生在非均衡价格上，从而保证在均衡价格下完全出清市场。在非瓦尔拉斯均衡条件下，市场调整是对实际净超额需求做出反应。实际净超额需求是有效需求与有效供给的差额，经济行为人不仅受到生产技术水平和商品市场价格的影响，还受到市场中数量约束的影响。根据实际净超额需求进行市场调整，意味着在交易意愿须修正之前，交易计划已发生实际效应。如此，意愿供求与实际供求之间便有一个差额，市场尚未出清。

③ 在瓦尔拉斯均衡模型中，经济行为人从市场上只会接收到价格信号，并仅根据价格信号来相应地调节其供给量和需求量。而在非瓦尔拉斯均衡体系中，经济行为人会受到市场上价格信号和数量信号的双重影响，采用价格-数量调节对其供给量和需求量进行修正。数量信号和价格信号一样，都会对供求双方在市场中的经济行为产生影响，从而调节其均衡状态。

④ 瓦尔拉斯均衡是通过价格调节实现的，且价格具有充分的弹性，价格调节是唯一的市场调节方式。然而非瓦尔拉斯均衡理论的一个基本假定是价格不具有完全弹性，甚至价格具有刚性。在价格失去完全有效的调节职能的情况下，市场供求双方是通过对数量进行调节来实现均衡的。即数量调节和价格调节一样，是市场的一种重要基本调节方式。

### 1.3.2 非均衡行为调节原理

价格调节指在瓦尔拉斯均衡中，价格具有充分的弹性，供求双方只运用价格来调节市场中供给量或需求量的调控措施。当市场达到均衡状态时，成交量、需求量、供给量三者相等。而数量调节指在价格具有一定程度刚性的情境中，单独采用价格调节难以使供求达到均衡状态，从而综合考虑市场中的价格和数量信息来对数量进行调节，此时市场中的交易者和交易行为都会受到供求数量的约束。价格调节和数量调节都是非常重要的微观调节方式，而且大多数情况下是数量调节的同时伴随着价格调节，或者价格调节的同时引起数量调节。

非均衡分析则一开始就放弃了市场出清的假设（即放弃完全竞争条件，因为完全竞争不符合实际，垄断竞争才是市场的常态），并将其看作一种特殊的情况，因此从理论层面而言更具一般性。根据非瓦尔拉斯均衡理论可知，道路网络出行者在出行市场上不仅获得了价格信号，而且获得了数量（交易量）信号，既受价格约束又受数量因素约束。因此，在非均衡理论中调节变量为价格和数量，这也是非均衡理论的基础思想和研究准则，显然，这种非均衡价格-数量双重调节假设更符合实际情况[1-4]。

城市居民出行市场作为一种商品市场，具备普通商品市场的特征。道路网络出行需求对应市场需求方，道路网络作为满足出行需求的供给方，出行费用对应市场价格信号，而路网出行流量则对应市场数量信号。除此之外，居民出行市场也具有运输业的固有特性，因此存在普通商品市场所不具备的特征。出行市场中，交通供给具有有限性，而交通需求要求一定的时空性，这意味着当出行市场内交通需求与交通供给相差较大时，由于交通供给量可调整程度有限，出行者需要根据出行市场的价格信号-出行时间，以及供给数量和需求数量方面的信息来调整自身的出行需求量。这就是所谓的价格-数量混合调节行为原理。

### 1.3.3 路径选择行为准则

出行者的路径选择行为是交通流动态演化机制研究的核心，出行者路径选择行为决定道路网络均衡流分布模式。不同的路径选择行为形成了不同的交通均衡流模式。道路网络混合均衡流是指出行者遵循不同的路径选择行为准则，且路径选择过程相互影响而形成的网络交通流分布。从网络交通流的运行过程来看，交通流经常因外部或者内部因素的干扰处于非均衡状态，研究并掌握交通流从非均衡向均衡的动态演化过程对交通管理等工作至关重要。在以往的网络交通流分析中，一般均假设出行者是同质的，遵循相同的路径选择行为准则，这种由单一路径选择行为形成的网络均衡流简称为单一均衡流。

已有的研究着重关注这类单一路径选择行为产生的交通流演化，然而在实际交通出行过程中，考虑到出行者的有限理性，即使假设所有出行者都能获取到完整的交通出行信息，也不能确保所有出行者都根据出行时间来选择最短路出行。另外，选择时间最短路这一行为体现的是出行者对出行快捷性的追求，实际上出行者的路径选择偏好是不同的、多样的，部分出行者追求出行的快捷性，部分出行者追求的可能是出行的舒适性，出行者的快捷性追求和舒适性追求同时存在于出行路网中。出行者所具有的不同路径选择偏好导致路径选择行为存在一定的异质性。

### 1.3.4 交通流均衡模式

现有的交通分配模型一般假设出行者同质且具有相同的路径选择行为准则，但据此获得的网络交通流分配结果与路段实际流量往往相距甚远，而偏离实际的交通预测结果又会带来交通规划与交通管控方案的决策失误并造成巨大的经济损失。到目前为止，在网络交通流分析领域提出了三个著名的网络均衡流模式：用户均衡、系统最优和随机用户均衡，这三种网络均衡分别依据真实旅行时间最短、边际旅行时间最短以及感知旅行时间最短选择出行路径。本质上来看，三种均衡状态均刻画的是道路用户的出行时间最小化行为，遵循的是价格信号的调节原理，反映对出行路径的快捷性需求。研究人员基于经典的交通分配模型，建立了多种混合模型，例如用户均衡与系统最优的混合模型、随机用户均衡及用户均衡的混合模型等，解决了交通分配结果与实际情况差异性大的问题。但这些混合模型也大多基于出行时间最短选择路径，反映的是出行者在单一价格调节下的路径选择行为。

随着先进的旅行者信息系统（ATIS）逐渐成熟，配备先进的旅行者信息系统装置的出行者可及时获得道路网络的完全信息，其路径选择行为将区别于未配备该装置的出行者。特别是考虑到未来网联自动车辆出现以后，自适应巡航控制车辆和协同自适应巡航控制车辆的路径选择行为将不同于传统人工驾驶车辆。交通科技的发展为特定网络均衡流模式的实现提供了技术上的支持。先进的旅行者信息系统使得用户均衡分布模式的实现成为可能；车联网、无人驾驶车辆等让系统最优分布模式的出现变得不再遥远。出行者在收获交通科技带来的收益的同时，交通科技的市场渗透率也将不断提高，交通流构成的异质性和路径选择行为的多样性将成为交通系统的新常态，必然导致网络交通流分布模式为各种特定均衡流模式的混合均衡。

## 1.4 交通流均衡研究内容

当前多样化的动态交通环境使得出行环境也越来越复杂，进而导致出行者的个人特性在整个出行过程中产生的影响也越来越大。不同的出行者因为不同的出行环境、感知差异和个体偏好等，其所获取的出行信息、影响因素和所做出的出行决策也会有所不同，表现为一部分出行者可能按照时间最短选择路径，另外部分出行者可能更注重出行的舒适性或安全性等因素。在这一选择过程中，不同的出行者所产生的路径选择行为会出现不同程度的差异性和异质性，这些性质体现在个体出行者的路径选择行为中，表现为出行者会依据路径出行时间和出行流量综合考虑，选择既快捷又舒适的路径出行；而反映在群体出行者的路径选择行为中，则意味着出行者会分为两类，一类根据出行时间选择时间最短路径出行，另一类根据出行流量选择最通畅路径出行。为此，本书主要基于经济学非均衡理论的价格-数量调节行为原理，依据现有的交通流理论和分析方法，考虑出行者的出行行为异质性和多样性，对多种路径选择行为准则下多用户类并存的路网混合交通流均衡状态和演化过程展开研究，灵活客观地描述了实际路网交通流动态演化过程，为制定交通流控制策略和交通规划设计方案等提供了一定的理论依据。主要研究内容如下：

① 城市路网个体交通流均衡调节。考虑到道路网络交通出行者的异质性，基于非均衡理论价格-数量行为调节原理，针对不同的调节机制定义了价格调节用户均衡状态、数量调节用户均衡状态与综合考虑出行价格（费用或时间）和数量（剩余容量）因素的价格-数量混合调节用户均衡状态，并通过市场摸索过程法，构建了相应的交通流动态演化模型，刻画了不同行为调节原理下的路径选择行为所形成的交通流的演化轨迹，明确了不同的出行者路径选择行为与交通流状态之间的关系。

② 城市路网多用户类群体交通流均衡调节。为更加全面地研究非均衡理论价格-数量调节行为原理下的不同路径选择行为反映在出行者群体中的表现，考虑路网出行者中一部分遵循价格调节路径选择行为准则，另一部分出行者遵循数量调节路径选择行为准则，描述了两类出行者同时存在所达到的价格-数量混合用户均衡状态；进一步采用比例转换调整过程法建立了相应的混合交通流比例调整演化模型及其求解算法，证明模型解的存在性、唯一性和稳定性，刻画了出行者分别根据出行路径费用和出行路径剩余容量调整路径决策的出行行为和混合交通流演变过程。

③ 考虑车联网环境的多准则-多用户类交通流均衡调节。在价格调节行为原理和数量调节行为原理基础上相应地扩展定义了路径快捷性选择行为准则和路径舒适性选择行为准则，考虑到实际交通中，综合考虑出行者的异质性和对路网信息的掌握程度、感知情况不同，将路网出行者分为三类，建立相应的混合交通流演化模型对三类网络出行者的逐日路径流演化过程进行了分析，并对模型特性展开论证，刻画出三类出行者共同路径选择行为作用的流量调整过程和多种调节准则并存下的交通流相互作用及演化过程，显然既快捷又舒适路径选择行为准则下的网络均衡流将比价格-数量混合调节行为原理下的网络均衡流更具一般性。

④ 考虑非可加路径费用的多准则-多用户类交通流均衡调节。在考虑实际路径费用与路段费用关系的情形下，将上述提出的混合交通流演化研究推广至非可加路径费用的情况，在路径快捷性选择行为准则基础上进一步建立路径经济性选择行为准则，研究路径经济性和舒适性选择行为准则下多用户类共存的网络交通流混合均衡，明确路径费用可加与不可加情况下的路网交通流演化的异同，进一步加深对现实路网出行路径选择调整行为的理解。

根据已确定的研究内容，拟从非均衡理论中价格-数量调节原理对出行者路径选择行为的影响分析入手，定义相应的价格调节用户均衡和数量调节用户均衡，分别运用网络搜索法和比例调整法建立价格-数量混合调节交通流网络搜索演化模型和价格-数量混合调节下多用户类共存的交通流比例调整演化模型，分析网络交通流分布形态和动态演化过程，并进一步在价格调节行为原理和数量调节行为原理基础上扩展定义了路径快捷性选择行为准则和路径舒适性选择行为准则，同时考虑出行者对路网信息的掌握程度差异和不同的路径选择行为准则，研究多路径选择行为准则下多用户类共存的混合交通流演化问题，最后考虑路径费用不可加的情况，提出更符合实际情况的路径经济性选择行为准则，并基于此研究多准则-多用户类的混合交通流演化过程。研究技术路线如图 1.1 所示。

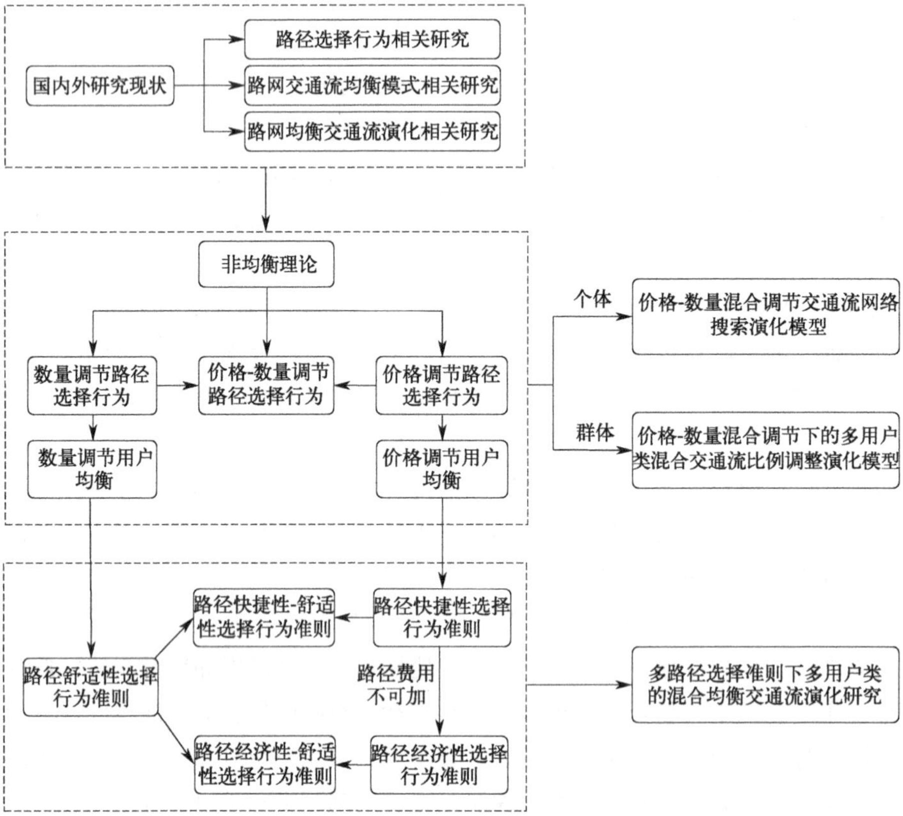


图 1.1　研究技术路线

## 1.5 章节结构

本文结构安排如下。

第 1 章　绪论：阐述交通流相关的基本概念，论述交通流均衡研究背景及意义，阐述研究基础，制定研究内容计划，明确后续章节安排。

第 2 章　国内外研究现状综述：总结分析路径选择行为、道路网络交通流均衡模式和道路网络均衡交通流演化三方面内容的国内外研究现状。

第 3 章　城市路网个体交通流均衡调节：研究价格信号和数量信号对出行者路径选择的影响，分别提出价格调节用户均衡原理、数量调节用户均衡原理以及价格-数量混合调节用户均衡原理，运用网络搜索法分别构建价格调节网络交通流演化模型、数量调节网络交通流演化模型和价格-数量调节网络交通流演化模型，分析不同调节机制下的网络交通流分布形态与动态演化轨迹。

第 4 章　城市路网多用户类群体交通流均衡调节：以价格-数量混合调节用户均衡原理为基础，研究遵循不同调节原理的两类出行者相互作用产生的混合均衡状态，构建价格-数量混合调节下的多用户类混合交通流比例调整演化研究，分析路径流比例调整率对网络交通流分布形态与动态演化的影响。

第 5 章　考虑车联网环境的多准则-多用户类交通流均衡调节：在价格调节行为原理和数量调节行为原理基础上相应地扩展定义路径快捷性选择行为准则和路径舒适性选择行为准则，建立相应的多路径选择准则下多用户类共存的混合交通流演化模型，分析网络出行者的逐日路径流调整过程和内在机制。

第 6 章　考虑非可加路径费用的多准则-多用户类交通流均衡调节：在路径快捷性选择行为准则的基础上考虑路径费用非可加的情况，建立路径经济性选择行为准则，研究路径经济性和舒适性选择行为准则下多用户类共存的网络交通流混合均衡，分析与实际情况更接近的路网交通流分布情况和交通流调整过程。

第 7 章　结论与展望：对全文工作进行总结，总结全文研究的创新点，指出全文研究的不足之处，提出进一步研究的展望。

# 第 2 章　国内外研究现状综述

本章主要针对出行者路径选择行为、路网交通流均衡模式和路网均衡交通流演化过程三方面内容对国内外的研究现状展开论述。其中路径选择行为研究方面，主要涉及效用理论、前景理论和后悔理论在交通出行路径选择行为中的研究；在路网交通流均衡模式和路网均衡交通流演化过程的研究方面，主要分别概述单一的经典用户均衡交通流、随机用户均衡交通流及系统最优均衡交通流的均衡状态和演化过程，并对多种均衡交通流并存的混合均衡交通流演化模型及其混合均衡状态进行介绍。

## 2.1　路径选择行为研究现状

出行者路径选择行为原理是指出行者在特定的交通网络内依据特定的出行路径选择准则，选择最优的出行路径以获得出行效益最大化[5,6]。路径选择行为研究指研究出行者遵循什么样的行为原理选择出行路径，目前用于路径选择行为研究的理论主要包括效用理论、前景理论和后悔理论三种。

### 2.1.1　效用理论

一般而言，消费者通过消费来满足自己的欲望、需求的满意度称为效用。学者们最初利用效用理论来刻画决策者的主观意识对决策过程所产生的影响，这一理论也被许多领导者应用于决策方案选择。领导者在进行决策时不仅要对当前所处的环境和未来可能出现的发展情况进行统筹，而且要对可能产生的利益和损失作出反应。在决策过程中，决策者和领导者对利益与损失的看法和兴趣称为效用[7]。将效用理论运用到决策学中，效用就是决策者对决策结果的一种主观感受、反映或倾向，是决策者的价值观和偏好在决策活动中的综合反映。对于同一个决策问题，不同的决策者有不同的选择最佳方案的心理标准，即不同的决策方案带给人们的效用和获得感存在差异。

冯诺伊曼在消除性、传递性、占优性和恒定性公理化假设的基础上，运用逻辑和数学工具，建立了不确定条件下对理性人选择进行分析的框架，提出了期望效用理论，即不确定条件下最终结果的效用水平是通过决策主体对各种可能出现的结果的加权估价后形成的，决策者追求的是加权估价后期望效用的最大化。其核心思想是，对于不确定的选择前，人们会对每一个可能的收益做一个效用评分，然后求得所有可能的收益效用的期望值。期望效用理论的一个重要意义是将不确定性和决策主体的风险态度区分开来，采用概率和效用函数相结合的方式构建模型如式(2.1)，其中概率描述了结果的不确定性，而定义在结果空间上的效用函数的性质描述了决策主体对待风险的态度。

$$EU=\sum U(x_i)p_i \tag{2.1}$$

式中，$EU$ 表示期望效用函数；$x_i$ 表示事件可能产生的结果 $i$；$U(x_i)$ 表示事件产生结果 $x_i$ 的效用值；$p_i$ 表示事件结果 $x_i$ 发生的概率。

应用于交通领域内，期望效用理论假设道路网络中的所有出行者在完全掌握路网出行信息的基础上，基于个人效用最大化原则进行完全理性的出行路径决策。Wardrop 基于期望效用理论框架提出了经典的用户均衡准则和系统最优准则，两者均假设路网出行者拥有路网完全信息且具有完全理性的选择行为，但其效用主体不同。其中用户均衡准则基于个体效用最大化原则，假设所有出行者选择实际出行时间最短的路径出行，且会向出行时间小于当前路径出行时间的可选路径转移，直至路网所有被使用路径的出行时间相等且不大于未被使用路径的出行时间；而系统最优准则基于系统效用最大化原则，假设所有出行者完全相互协调选择边际时间最短路径出行，以达到路网总体出行时间最小[8]。

许多学者基于期望效用理论对交通信息影响下的出行路径选择决策行为进行了研究。Abdel Aty 构建了路径决策模型，分析论证了交通信息和出行时间对出行者的路径决策带来的影响，研究结果强调了交通信息的重要性以及先进的出行者信息系统（ATIS）对路线选择的潜在影响[9]。Mithilesh Jha 等人认为出行者基于期望效用最大化原理进行路径选择决策，假设出行者在先进的交通信息系统下会根据感知出行时间选择出行路径，并建立了一个更新模型对这种路径调整行为进行了分析[10]。蒲琪等基于路网出行时间信息建立了一个出行者路径选择行为模型，并分别介绍了交通信息的种类、出行者的分类以及交通信息的应用特性[11]。熊轶根据群体出行者对交通信息的信任和接受程度对出行者进行分类，同时考虑路网信息和出行者经验信息，建立模型分析不同信息对出行者路径决策产生的影响[12]。况爱武等根据出行者是否有先进的出行信息系统，把出行者划分为两大类，假设出行者路径调整行为的目标为广义负效用最小化，运用变分不等式构建了随机分配模型，并给出了求解算法[13]。

还有一部分学者考虑交通出行过程中的各个决策影响因素，基于期望效用理论对路径出行决策进行了分析。曲卫民等基于智能交通环境建立了一个微观出行路径选择模型，将出行者的路径选择行为分为学习更新和路径选择两部分，并结合动态模型框架研究了出行者路径选择问题[14]。De Lapparent 考虑出行者的风险认知，运用效用函数定义出行者对损失和结果的态度，并建立模型应用于航空旅行需求研究[15]。石小法建立了一个动态选择模型，假设出行者会根据自身出行经验和实时交通信息对出行时间进行估算，并依据这一预估时间进行出行路径选择，这一模型能较好地反映实际交通出行环境下出行者的动态选择行为[16]。周溪召考虑拥挤收费出发时刻选择的负效益，建立变分不等式模型研究了出行者的动态出行选择问题，该模型在出行者选择最优出发时刻选择问题上有很大的贴合性[17]。张杨假设出行者会选择出行成本最小的路径出行，基于不同出行环境建立变分不等式模型，实现了起讫点间的最优理想阻抗用户分配，并对实际出行阻抗与理想阻抗进行比较。进一步地考虑出行者的有限理性和主观偏好，建立时间约束下城市车辆模糊路径的选择策略模型，以最短路径为目标研究出行决策者的主观偏好对出行路径选择行为产生的影响[18]。陈玲娟假设出行者的路径选择决策分为两步，出行者首先确定出行时间，然后在这一时间前提下基于时间预算负效应最大化原则选择出行路径，建立了一个双层规划模型，刻画出行者的出发时刻和出行路径选择行为[19]。

### 2.1.2 前景理论

效用理论假设出行者具有完全理性的出行路径选择行为，认为出行者在面临路径选择时总能对道路系统信息拥有完全认知且具有固定的偏好和明确的目标。显然这一假设是完全超越现实的，在实际情况中，出行者具有有限理性、社会偏好和缺乏自我控制等特质，因此其出行决策行为通常受多方面因素（如性别、风险态度、个人偏好、区域等）的影响而无法保持完全一致性和完全理性。理查德·塞勒为了弥补人的理性、自利、效用最大化及一些无法避免的缺陷，将现实的一些假设纳入到经济决策分析中，通过实际的社会偏好及自我管理约束的后果，展示不同的人格特性如何影响个人的决策。1955 年，基于这一经济决策分析方法，Simon 提出了“有限理性”的概念，他指出，出行者在出行时，都是基于自身的认知和掌握的信息范围进行理性决策，但是因为个人的认知能力有限，并且不同的出行者掌握最新出行相关信息的感知和处理能力不足，因此所作出的出行决策都是“感觉合理，实际是只能有限地达到”[20]。这一概念被国内外学者广泛采纳，并基于有限理性假设，对出行者的路径选择行为进行了一系列研究。

20 世纪 70 年代末 Kahneman 和 Tversky 首次提出前景理论[21]。前景理论假设出行者并非根据结果本身做出选择，而是根据结果与预期的差距来进行决策。即出行者在进行决策时会有一个预设参照点，以这一参照点为标准去衡量每个决策的可能结果，并且出行者对高于参照点的收益型决策结果会表现出风险厌恶，对低于参照点的损失型决策结果则会表现出风险喜好。参照点的引入是前景理论与期望效用理论的一个明显差异。参照点是收益和损失的分界点，也是决策者风险偏好的中性点，参照点设定的不同将直接影响前景取值，并进而影响最终决策结果。另一方面，Kahneman 和 Tversky 认为出行者的出行决策行为与概率之间存在非线性关系，即决策行为往往较多依赖于小概率，而对大概率则相对忽视，这一现象导致阿莱悖论。前景理论通常将出行者的出行路径决策过程分为两个阶段：编辑阶段进行参照点预设，并依据参照点组织和分析每个决策行为的可能结果；评价阶段则是对编辑阶段的各种可能出现的结果进行评估，最终选择效益最大的出行路径。Kahneman 和 Tversky 给出的价值函数和决策权重函数形式分别如下[21]：

$$g(x)=\begin{cases}(x-u_0)^{\alpha},x\geqslant u_0\\-\lambda(u_0-x)^{\beta},x<u_0\end{cases}\tag{2.2}$$

$$w(p)=\frac{p^{\gamma}}{[p^{\gamma}+(1-p)^{\gamma}]^{1/\gamma}}\tag{2.3}$$

式中，$u_0$ 表示参照点；$x$ 表示备选事件结果；$\alpha,\beta(0<\alpha,\beta<1)$表示风险偏好系数，值越大，表示决策者越倾向于冒险；$\lambda(\lambda\geqslant1)$ 表示损失规避系数，值越大，表示决策者对损失越敏感；$p$ 表示备选结果 $x$ 发生的概率；决策权重函数呈倒“S”形，$\gamma(0<\gamma<1)$越小决策权重函数形态越弯曲。

基于前景理论的出行者出行路径选择决策过程框架如图 2.1 所示。

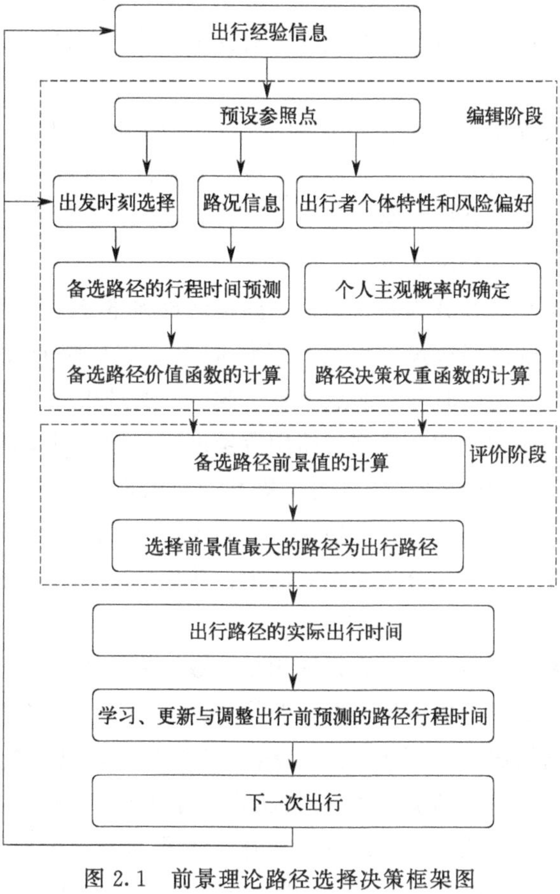


图 2.1　前景理论路径选择决策框架图

传统的出行路径决策研究多集中于“事前”研究，即出行者在出行前通过综合考虑道路网络所有的信息，在纯理性的基础上确定出本次出行所选择的最佳出行路径，这与实际出行者出行路径选择有较大的不同。前景理论更符合现实交通系统环境下出行者的路径选择行为特征，考虑了出行者的有限理性。许多学者对比分析了期望效用理论和前景理论下的路径选择行为研究，从各个方面论证了前景理论的优越性。赵凛等从理论推算以及 SP (Stated preference，偏好) 调查两个方面着手，论证了前景理论能弥补期望效用理论的不足，更准确地反映出行者的路径决策行为[22]。余豪等通过引入有限理性和节点作用力的观点，基于交叉口节点决策的前景理论-影响力，建立了混合路径决策模型，弥补了传统路径选择研究的不足，能更加符合实际出行者实际路径决策[23]。在此基础上，王燕进一步论证了前景理论优于期望效用理论，更能体现实际的出行者做出的路径决策行为[24]。杨志勇等考虑出行者个人特性和偏好构造了日常通勤路径决策模型，分析实时的交通信息影响下，出行者根据自身历史出行经历进行路径选择的动态调整过程[25]。徐红利等在未知环境下，采用效用度量对比研究了两种理论下的路径选择行为，证明了效用度量为出行者路径选择的决策准则，同时这一决策准则和前景理论的选择基准类似[26]。史国琪在进行时间预算时考虑了出行的准时性和可达性，以此为参考点建立出发时刻价值函数，同时把出行者的主观意识决策作为函数的权重考虑，构建出发时刻和路径选择模型，刻画出行者的路径决策调整过程[27]。张海燕分别基于时间预算和前景理论，不仅构建了参照点模型以及用户均衡模型，而且分析了参照点设定的灵敏度情况，论证了前景理论下建立的模型更能反映实际情况[28]。

交通出行环境很大程度上受到出行者的出行行为影响，对出行者的行为进行分析研究，能够加深对路网交通流变化规律的理解，有助于制订交通控制策略，改善交通拥堵的情况。谭礼平对现有的前景理论在路径选择、出行方式选择、路网容量均衡等多方面的研究现状进行了总结分析，并给出了不足之处和未来发展方向[29]。王光超考虑出行者的有限理性，将出行者的路径选择分为路径感知、路径评价和路径决策等阶段，建立了相应的网络均衡模型对出行者的路径决策过程进行了研究[30]。王任映通过引入有效路径和时间效用预算，对传统前景理论的时间参照点进行了改进，通过概率及概率权重函数确定各路径的前景值，建立了随机用户均衡模型对路网流量进行分配，对交通出行者在各种交通条件下的路径选择进行了案例分析[31]。陆雯雯等基于前景理论框架，考虑诱导因素影响下的参考点选择，以此得到相应的价值函数和权重函数[32]。王健等考虑个人偏好及多种因素建立一个路径选择模型，对比分析在不同的出行费用标准对不同类别出行者的路径选择的影响程度[33]。

前景理论有以下两个不足：一是它只适用于少数结果的决策，不能应用于很多结果的决策；二是它并不总是满足随机占优（假设投资者想在两个风险资产 A 和 B 之间做一个选择，如果在未来任何情况下 A 的收益总是超过 B 的收益，只要投资者是永远不会满足的，那么投资者肯定会选 A。这就称为 A 随机占优于 B)。20 世纪 90 年代初 Kahneman 和 Tversky 应用等级依赖效用理论，进一步阐述了累积前景理论相关概念[34]。累积前景理论适用于结果数量任意多的情况且允许了收入和损失有不同的权重函数，而且满足一阶随机占优，可同时适用于风险决策和不确定决策。这一理论随之被广泛应用于研究出行者的出行行为。殷蒙蒙分别对累积前景理论应用于研究出行者出发时间、路径选择及其他方面进行了分析阐述[35]。刘玉印等以这一理论为基础，构建了考虑出行者感知时间的路径决策模型，并对模型进行特性分析，刻画了出行者的路径选择行为[36]。张波等基于这一理论构建了交通流均衡模型，给出了与模型等价的变分不等式并对模型进行求解，同时把演化博弈论和累积前景理论进行结合，建立一整套的动态分析模型，证明在满足一定条件时，结合稳定性分析能够实现出行用户的均衡要求[37]。张波等同时考虑出行者在出行过程中的感知错误、交通系统中的不确定因素和个体观测误差，建立了随机用户均衡模型，分析了出行可靠参数和出行者对未知风险的感知敏感度对路径选择决策的影响[38]。李小静等基于累积前景理论建立了路径选择模型，从价值变化和可靠性两个方面研究出行者的风险态度，验证了可靠度和参照点与累积前景值的关系[39]。

### 2.1.3　后悔理论

Loomes 和 Bell 等在个体风险选择偏好中加入后悔和满意两种心理感觉，提出后悔理论[40,41]。后悔理论主要研究出行者的决策心理，认为出行者在进行决策时，会对现状进行分析，并模拟可能出现的状况，对两者进行比较，当发现可能出现的状况优于自身现状时，出行者内心会有后悔的感觉；反之，就会感到满意。它主要强调人们往往不仅关心自己可以得到的，而且会将要选择方案的结果与其他备选方案可获得的结果相比较。即决策者在决策时会受到以下两个因素的影响：选择备选对象所能获得的结果；后悔和满意的预期。已有的许多交通异常现象均可由这一理论进行分析，如 Ellsberg 悖论、Allais 悖论、共同比率效应、反射效应、确定性效应等[42]。作为研究出行路径决策行为的一种新兴理论，后悔理论主要研究了交通出行行为主体的决策心理，这一理论已被广泛应用于研究出行者的路径选择行为[43]。后悔理论决策分析公式如下：

$$u(x,y)=v(x)+f(v(x)-v(y)) \tag{2.4}$$

期望效用函数扩展为 $u(x,\ y)$，其中，$x$ 代表决策者实际选择的备择对象所引致的资产，$y$ 代表放弃的备择对象所能够产生的资产。

Bell、Loomes 和 Sugden 提出的后悔理论属于预期后悔理论，该理论将情感与动机的因素合并到期望结构中。预期后悔理论认为个人会评估他对未来事件或情形的预期反应，这些预期情绪将改变效用函数，决策者在决策中会力争将后悔降至最低。在决策时，如果要选择熟悉的方案与不熟悉的方案，决策者更偏向于选择更熟悉的那个，因为这样造成的后悔远比选择其他方案造成的后悔小。预期后悔是出行路径选择行为决策的重要影响因素，表示当出行者基于当前信息环境感知或设想到可能存在其他可选路径优于所选择的路径时，会对所作选择感到后悔。江妍妮等建立后悔最小化模型对出行者的路径决策过程进行研究，并分析了出行者的路径选择决策因素[44]。Quiggin 在 Loomes 和 Sugden 的基础上，把后悔理论推广到一般选择集的情形下，使其能够解决多个方案的选择问题[45]。决策者对方案 $A_i$ 感知效用为：

$$u_i=v(x_i)+R(v(x_i)-v(x^*)) \tag{2.5}$$

式中，$x^*=\max\{x_i\,|\,i=1,2,L,m\}$，$x_i$ 表示方案 $A_i$ 的结果，$R(v(x_i)-v(x^*))<0$ 表示后悔值。

许多学者对基于后悔理论和基于效用理论建立的路径决策模型进行了对比分析，大多数认为基于后悔理论的路径选择模型能更贴合实际地反映出行者的动态路径选择行为[46]。王泽等考虑后悔决策规则对疏散者的影响，分别从微观个体层面和宏观路网层面，对综合效用最大化和后悔最小化目标的出行者进行研究，并进行了交通分配结果分析[47]。鲜于建川等通过建立多项 Logit 模型，对随机后悔最小化和效用最大化理论模型的参数、拟合优度方面进行了比较分析[48]。安实等考虑城市中疏散者在决策中的后悔逃避心理，以三类不同的交通方式为研究对象，建立了不同属性变量的多项 Logit 模型，结果表明后悔模型较效用模型的拟合效果显著提升[49]。李梦等对比分析了随机后悔最小模型和随机效用

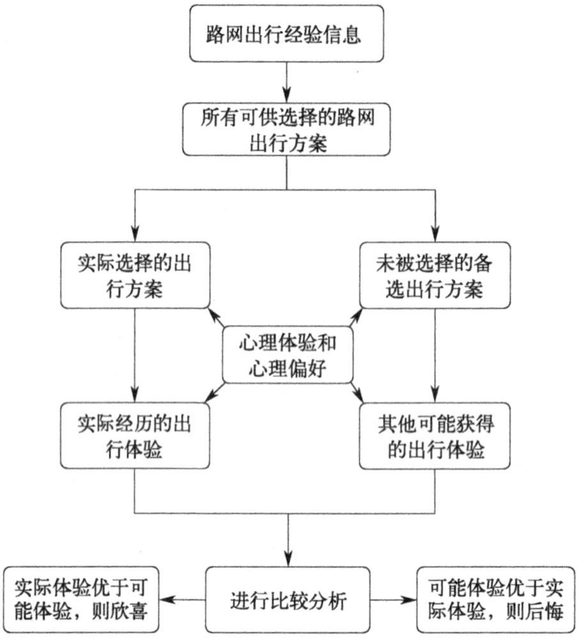


图 2.2 后悔理论出行决策核心思想图

最大模型，应用随机后悔理论构建了组合后悔模型，同时进行运量分布与均衡配流[50,51]。高玉芳分别建立效用最大化和后悔最小化模型，并结合两种理论建立了混合路径选择模型，对不同理论刻画的路径选择行为所产生的交通流分配结果进行了分析[52]。

随机后悔最小化模型假设出行者对自身所选择路径的满意程度由当前路径带来的效用和未选择路径可能带来的效用所产生的后悔心理决定。许多学者以随机后悔最小化模型为基础，考虑其他多种约束和条件，进一步运用后悔理论对路径选择行为展开了研究。赵磊等考虑出行者对损失和收益的非对称偏好，建立了随机用户均衡模型[53]。陈江涛以购房决策为例开展实证研究，验证了后悔心理对出行路径选择过程产生的影响[54]。徐媛等基于后悔心理学的基本行为假设，考虑心理距离构建了出行者路径决策模型，能较好地刻画个体感知后悔的程度和表现[55]。李梦甜在后悔理论基础上，考虑剩余出行时间和费用进行深入研究，建立的模型弥补了已有模型存在的缺陷和不足[56]。通过分析比较期望效用理论、前景理论和后悔理论三种路径选择行为理论，闫祯祯建立了考虑出行者后悔心理的出行者信息感知价值模型，并分析了影响出行者感知信息和作出路径决策的因素[57]。图 2.2 为后悔理论出行决策核心思想图。

## 2.2 交通流均衡状态研究现状

路网交通流的产生，从宏观角度看，我们所看到的道路交通流量是交通需求在既有道路系统和交通管理系统条件下的具体表现；从微观角度看，道路交通流量是大量出行者对出行路径选择的结果。道路交通流分布是出行者对出行路径选择的结果，出行者对出行路径选择的分析主要是通过网络交通分配来实现的。到目前为止，交通规划领域出现了三个著名的道路网络单一均衡流分布模式：用户均衡、系统最优和随机用户均衡交通流模式[58,59]。

### 2.2.1 用户均衡状态

城市路网某一起讫点 OD 对间通常存在多条可供行驶的路径，当这一 OD 对间的出行交通量较小时，出行者会选择两点间行驶时间最少的最短路径出行，而随着出行交通量的增大，最短路径上的交通流量随之增加，导致其通行时间增长，当通行时间增长到一定程度后，OD 对间的行驶时间最小的最短路径也会发生变化，此后一部分出行者会选择新的最短路径出行。随着 OD 对间交通量的不断增大，最终 OD 对间所有的可供行驶的路径都有可能被选择。

假设路网所有出行者均能准确获取到所有可供行驶路径的行驶时间且总能理性选择行驶时间最短的路径出行，随着交通量的不断增大，最终达到稳定状态时，路网 OD 对间所有被选择的路径行驶时间相等，且小于未被选择的路径行驶时间。这一稳定状态就是道路网络均衡状态。容易看出，没有达到均衡状态时，至少会有一些道路利用者将通过变换路线来缩短行驶时间直至平衡。所以说，网络拥挤的存在，是均衡形成的条件。

在实际路网中通常存在很多个 OD 对间，而每个 OD 对间的每一条路径均由多个路段组成，而这些路段可排列组合成无数条不同的路径，因此构成了同一 OD 对间的多个可供选择的路径，而多个 OD 对间的路径又相互重叠，因此实际道路网络的均衡远远要比前文描述的复杂。

1952 年著名学者 Wardrop 提出了交通网络平衡定义的第一原理和第二原理，奠定了交通流分配的基础。Wardrop 提出的第一原理定义是：在道路的利用者都确切知道网络的交通状态并试图选择最短路径时，网络将会达到平衡状态。在考虑拥挤对行驶时间影响的网络中，当网络达到平衡状态时，每个 OD 对间的各条被使用的路径具有相等而且最小的行驶时间；没有被使用的路径的行驶时间大于或等于最小行驶时间。这条定义通常简称为 Wardrop 平衡（wardrop equilibrium），在实际交通流分配中也称为用户均衡（user equilibrium，UE）或用户最优。

许多学者基于 Wardrop 第一原理对路网交通分配问题展开了研究。Aashtiani 等建立了一个网络均衡模型，用于拥挤交通网络中的交通流预测。模型考虑了多种出行方式、路段间的相互作用及其对拥挤的影响、备选路径有限以及广义的出行时间或效用，并假设 OD 对间需求关系与其他 OD 对间的出行时间相关[60]。针对非对称交通分配问题的变分不等式规划，Lawphongpanich 等提出了一种收敛单纯形分解算法，在基于当前出行时间函数生成最小路径树和基于简单凸性约束的主变分不等式的近似求解之间交替进行，该算法将传统的 Frank-Wolfe 方法（其中主问题是线性搜索）推广到非对称问题运用[61]。Larsson 等分析了交通分配问题的单纯分解和相关列生成方法，针对笛卡尔积集的凸规划问题，提出一个改进的非集计单纯分解算法，并应用于求解对称交通分配问题[62]。Di Lorenzo 等研究了以路径流为变量的凸极小化网络均衡问题，将分解法和列生成法相结合，给出了一种非精确块坐标下降法，并证明了算法的全局收敛性[63]。Borchers 等讨论了经典交通用户均衡模型中路径流的比例性和唯一性问题，重新给定了比例的概念，并讨论了所谓的旁路比例和熵最大化之间的关系，进一步给出了确定唯一路径流的特殊比例条件[64]。Li 等将 Stackelberg 博弈论引入到交通分配问题中，刻画了交通管理与出行人员之间的权衡过程，并针对传统交通分配算法收敛速度慢的缺点，提出了基于梯度投影算法的交通分配算法[65]。Xie 等提出了一种收敛速度快于已有算法的新算法，根据一个给定的基于出发点的用户均衡路段流解，来求解满足比例条件的路径流解。算法通过构造“基于节点的到达簇”的列表并解决其定义的熵最大化子问题，迭代优化求得用户均衡解[66]。Guo 等提出了一种在用户均衡交通条件下进行区域交通信号配时优化的新方法，将优化模型转化为一个多维搜索问题，以实现道路网络系统总出行时间与单位出行距离的出行时间的最小化，并给出了一种基于遗传算法的模型求解方法[67]。

### 2.2.2 随机用户均衡状态

用户均衡是指假设出行者具有完全的出行信息，出行者选择的是真实的时间最短路径。随机用户均衡是指出行者在不具有完全出行信息的情况下，选择感知时间最短路径出行，虽然出行者此时选择的最短路径不一定是真实的最短路径，但一定是自己认为的最短路径。随着出行者对网络出行信息掌握程度的增加，出行者选择的感知时间最短路径越来越接近真实的最短路径，随机用户均衡则转化为用户均衡，因此，用户均衡和随机用户均衡模式两者没有本质区别。

随机用户均衡分配中道路出行者的路径选择行为仍遵循 Wardrop 第一原理，不同的是出行者会选择自身估算的阻抗最小的路径出行。也就是出行者选择 OD 对间某条路径的可能就是其感知阻抗在该 OD 对间所有可能路径的感知阻抗中为最小的概率，这个选择概率是个条件概率。

$$P_r = P\{c_r \leqslant c_l\}, \forall r \neq l \tag{2.6}$$

它是在均衡状态的路段阻抗估计期望值的条件下确定的概率。如果路段阻抗是常数，问题就简化为非均衡随机分配中所描述的情形。

在随机用户均衡状态下，一个 OD 对间所有已被选用的路径，并不一定具有相等的实际路径阻抗。某一被选择的路径上的分配出行交通量等于该 OD 对间交通量与该条路径被选择概率的乘积。即：

$$f = qp_i \tag{2.7}$$

由式(2.7) 可看出路径交通量 $f$ 与这一路径被选择的概率 $p$ 有关，而被选择的概率又与该路径的感知阻抗大小有关，感知路径阻抗大小与实际路段阻抗有关且为随机变量，实际路段阻抗又是交通量的函数，如此循环相依，达到随机用户均衡的状态。这个关系式称为 SUE 条件。SUE 更具有普遍性，UE 仅是 SUE（随机用户均衡）的一种特殊情况，当感知阻抗的方差为 0 时，SUE 就变成 UE 了。

鉴于随机用户均衡能更全面和准确地反映路网出行者们的交通选择行为，许多学者基于这一均衡条件假设对交通分配展开了分析研究。郭仁拥等基于路网出行者的时间价值差异对出行者进行分类，并考虑先进出行者信息系统（ATIS）对出行行为的影响，假设出行者的出行路径决策变量为出行时间和费用的线性组合值，提出一个考虑多用户参与和多准则决策的随机均衡交通流分配演化模型[68]。况爱武等假定出行者根据历史出行时间经验值进行出行路径选择，考虑个体接收出行信息的不固定性定义了路径时间预算值，并且针对出行者分类的弹性需求路网情况，基于预算值建立交通分配模型，模型收敛于随机用户均衡[69]。温惠英等提出了一种基于最短路算法和随机分配的路径搜索算法，在确定路段阻抗之后，采用 Logit 模型从可选的最短路径集合中计算出各路径的被选择概率，解决动态均衡交通分配中的出行选择问题[70]。纪魁等基于 Logit 的路段型随机用户均衡模型，通过对含路径信息的熵项进行分解，得到了只含路段信息的熵项，能够避免路径信息的列举，并对模型的敏感度进行了分析，通过设置容量上限来考虑路网容量限制约束，进一步构建了均衡模型[71]。胡文君等认为出行者会根据出行费用和出行时间两个准则选择出行路径，基于出行用户时间价值的不同建立了多用户、多模式、多准则的随机用户网络均衡模型。在此基础上，进一步建立了多类用户和多种模式下基于交叉巢式 Logit 的随机用户均衡模型，并对模型的特性展开了分析论证，模型能很好地反映不同模式间的相互影响，同时用算例论证了所建立的模型明显优于基于传统的多项式 Logit 的模型[72,73]。邱松林等在基于 Logit 的随机用户均衡模型基础上考虑路径长度的影响，构建了一种新的随机分配模型，能部分消除传统随机用户均衡模型中无关备选路径的独立性问题[74]。周博见等提出了一种改进的截断牛顿算法，用于求解基于路径的 Logit 型随机用户均衡模型，该算法有超线性的收敛速度[75]。杨文娟等提出一个刻画交通流演化过程的动态系统模型，该模型能很好地刻画日间路径流量的动态调整过程，且模型最终达到的稳定状态等价于 Logit 随机用户均衡状态[76]。卫翀等基于随机效用理论构建了一种交通流分配模型，考虑了路网交通量的随机波动，可以反映随机用户均衡路网中路径路段交通量概率分布情况，能较好地刻画出行者的随机路径选择行为以及道路通行能力的不确定性影响[77]。刘诗序等采用分层 Logit 模型描述出行者的交通方式和路径联合选择行为，建立了基于分层 Logit 的多方式随机用户均衡分配模型，并给出了改进的方向搜索算法，并分析公交票价、出行者的时间价值和分层 Logit 模型的层间比例参数的变化对交通分配结果的影响[78]。

### 2.2.3 系统最优均衡状态

Wardrop 提出的第二原理是系统平衡条件下，拥挤的路网上交通流应该按照平均或总的出行成本最小为依据来分配。Wardrop 第二原理在实际交通流分配中也称为系统最优原理（system optimization，SO）。

与第一原理相比较，第二原理是一个设计原理。第一原理主要是建立每个道路利用者使其自身出行成本（时间）最小化的行为模型，而第二原理则是指使交通流在最小出行成本方向上分配，从而达到出行成本最小的系统均衡。第二原理作为一个设计原理，是面向交通运输规划师和工程师的。一般来说，这两个原理下的均衡结果不会是一样的，但是在实际交通中，人们更期望交通流能够按照 Wardrop 第一原理，即用户均衡的近似解来分配。

换个角度来说，第一原理反映了道路用户选择路线的一种准则。按照第一原理分配出来的结果应该是路网上用户实际路径选择的结果。而第二原理则反映了一种目标，即按照什么样的方式分配是最好的。在实际网络中很难出现第二原理所描述的状态，除非所有的出行者互相协作为系统最优化而努力。这在实际中是不太可能的。但第二原理为交通管理人员提供了一种决策方法。

根据经典的 Wardrop 第一原理假设，出行者在进行路径选择时，总是选择可选路径中实际耗费时间最短的路径出行，最终形成用户均衡流模式，用户均衡状态下，路网所有出行者都已经达到了自身效益最大化，谁都无法通过调整自身路径来缩短自己的出行时间；而考虑到出行者的感知差异，假设出行者进行路径选择决策时，总是选择感知出行时间最短的路径出行，最终形成随机用户均衡流模式，随机用户均衡状态下，路网所有出行者都达到了自己认为的效益最大化，谁都无法通过调整自身路径来缩短自己的感知出行时间；而根据经典的 Wardrop 第二原理假设，出行者总是选择边际时间最短路径出行，最终形成系统最优流模式，系统最优状态下，路网总的出行时间达到最小值。

用户均衡和随机用户均衡认为出行者基于个人效用最大化选择出行路径，不考虑因自身出行给网络上其他出行者带来的影响。而系统最优则要求出行者在选择路径时必须考虑因自身出行给其他出行者带来的影响，选择边际出行时间最短的路径出行。由于这一要求违背出行者个人意愿，因而系统最优流模式变得遥不可及，除非所有车辆均为完全服从控制中心路径指示的无人驾驶车辆。

### 2.2.4 多类别混合均衡状态

道路网络混合均衡流主要研究的是用户均衡流与其他特定均衡形成流的混合均衡，包括用户均衡-随机用户均衡混合均衡、用户均衡-系统最优混合均衡、用户均衡-纳什均衡混合均衡、用户均衡-纳什均衡-系统最优混合均衡。

Zhou 等对路网出行者进行分类，其中一类出行者配备了先进旅客信息系统，因此能接收到完整的交通出行信息，遵循 Wardrop 用户最优原则选择路径，而另一类出行者由于没有配备此装置，不具有完全的交通信息，所以路径选择服从随机用户均衡准则。两类出行者的路径选择行为相互影响，最终形成一种稳定的用户均衡-随机用户均衡混合均衡交通流[79]。Saeed Asadi Bagloee 和 Harker 等根据出行者利益关注不同，将出行者划分为完全协作与完全竞争两类。完全协作的出行者服从系统最优准则，完全竞争的出行者服从用户均衡准则。假定联网车辆服从系统最优准则，非联网车辆服从用户均衡准则，研究了两者形成的用户均衡-系统最优混合均衡[80,81]。Zhang 和 Yang 等将出行者划分为服从用户均衡准则和服从纳什均衡准则两类（纳什均衡准则是用户均衡完全竞争和系统最优完全协调的中间状态，表现为内部协调、外部竞争）。不同的路径选择行为准则作用下的交通流相互影响，最终稳定在竞争和垄断之间的一个混合均衡状态：用户均衡-纳什均衡混合均衡[82,83]。

Yang 等同时考虑出行者服从用户均衡准则、纳什均衡准则和系统最优准则的情况[84,85]。假设出行者根据其他出行者的路径选择策略进行路径决策，其中服从用户均衡和纳什均衡准则的出行者根据服从系统最优准则出行者的路径选择策略进行路径选择，两类出行者相互作用形成一个混合均衡模式；而服从系统最优准则的出行者则根据其他两类出行者的出行路径调整决策，以达到系统总出行时间最小化。最终三类出行交通流相互影响形成用户均衡-纳什均衡-系统最优混合均衡交通流模式。

Yang 考虑了一个特殊的先进旅客信息系统，它的目标是通过向司机提供交通信息来减少司机在网络经常拥堵情况下的出行时间不确定性。假设配备了信息系统的司机将会接收到完整的信息，从而能选中最短路径出行获得用户最优，而没有配备这一信息系统的司机只能获取到部分信息，因此会随机地选择出行方案，导致所耗费的时间更长。他们提出了用于求解任意给定的信息系统市场渗透率水平下的混合行为均衡问题的凸规划模型和算法，并假设配备信息系统的出行者所获得的信息收益为节省的出行时间（在公共网络的混合行为均衡中随机平均出行时间减去确定性最小出行时间），而信息系统的市场渗透率是由信息收益的连续递增函数决定的，从而得到了信息系统环境下具有内生市场渗透率的变量混合行为均衡模型，并论证了模型解的这一系统特性[86]。

Yang 等基于路网出行费用建立凸规划，刻画任意先进的旅行者信息系统市场渗透率下不同路网出行者路径决策形成的路网混合均衡[87]。Huang 等根据时间价值（VOT）将出行者进行分组，进一步根据是否配备先进的旅行者信息系统装置划分为不同准则类别，进而建立以 Logit 为基础的交通流分配模型，并结合 Logit 分配和连续平均法对其模型进行求解[88]。黄中祥等将非瓦尔拉斯均衡理论中的价格-数量调节行为原理应用于出行者路径选择过程，以 OD 间最短路径时间作为路径选择的价格调节变量，以 OD 间最大路径剩余容量作为路径选择的数量调节变量，研究了价格-数量混合调节路径选择情况下的网络均衡流[89-91]。

## 2.3　交通流均衡调节研究现状

虽然网络均衡解可由交通分配模型求得，但从网络交通流的运行过程来看，交通流经常因外部或者内部因素的干扰处于非均衡状态，研究并掌握交通流的动态演化过程是制订实际交通流调控和优化措施的基础。目前，许多学者建立了多种动态演化模型，来描述在出行者路径调整行为影响下的交通流演化过程。

### 2.3.1　单一交通流均衡调节

交通流的均衡状态和演化过程一直以来是学者们研究的重点，路径选择行为是交通流形成的基础，为加深对出行者出行选择行为决策机制的了解，学者们针对交通流动态演化问题开展了大量研究。

根据交通流波动时间的长短，动态交通流演化模型可分为逐日型[92-94]和日内型[95-97]，出行者的路径决策通常需要经过一段时间的经验积累和调整，因此一般采用逐日型交通流演化模型。Yang 等运用演化博弈理论对逐日交通流动态演化过程展开研究，建立了一个理性行为调整过程，并论证了基于这一理性行为过程下稳定路段流模式与确定型/随机型用户均衡间的等价性[94]。Watling 等建立模型反映出行者基于已有信息作出的逐日动态路径选择调整行为，并给出一般框架下的经济均衡模型[98]；此外进一步基于马尔科夫链建立离散时间动态交通流演化系统。Kumar 等构造了逐日均衡流动态模型，不仅考虑了路径出行成本对流量的敏感性，而且考虑了出行者依据经验信息确定拥堵值的感知行为，弥补了现有理论研究与实际不符的缺陷[99]；Iryo 等运用数学方法刻画出行者的信息收集行为，建立了连续的、确定型的动态调整模型[100]。刘诗序考虑出行者的感知误差，构建了非固定的交通需求下的路径调整模型，分析出行者对决策变量的敏感度[101]。

根据时间连续性可分为连续型和离散型逐日动态演化模型。Yang 等总结了模拟交通流演化过程中出行者路径选择行为的方法有比例转换调整过程、网络摸索过程、投影动态系统、单重力流动态和演化博弈理论等 5 种[102]。这 5 种演化模型均属于连续时间模型，区别在于趋向稳定的过程所花费的时间以及稳定性不同。Wie 等将动态网络用户均衡问题用单位路径成本函数表示为离散时间的变分不等式问题，证明了在一定的给定条件下离散时间动态网络用户均衡的存在性，并给出了一种启发式算法[103]。Ma 等研究连续时间下的动态系统最优化问题，提出了一个最优控制框架，讨论了其可行性条件和模型特性，并给出了一种计算自由流动态系统最优解的求解程序[104]。连续型逐日动态演化模型具有较理想的数学性质，但离散型逐日动态演化模型更接近实际情况。Kontorinaki 等建立了一个可以反映容量下降现象的离散型 LWR 一阶交通流模型，对各种建模进行了概述，并重点分析了这些模型在交通模拟、管理和控制方面的实际适用性[105]。

逐日动态模型可根据逐日调整过程的随机性质分为确定型和随机型。随机型逐日动态演化模型受单一因素影响，其最终稳定状态与起始点无关，每一点得到的是网络演化过程中每一步可能产生的流量向量的概率分布[106-109]。而确定型模型得到的是每一时间点的单一路径或路段流量向量，受多方因素影响，其最终状态与起始点相关[89,110-112]。实际上路网系统很难根据初始状态精确确定其演化过程，但随机型模型在大型网络应用中存在较大计算难度。

逐日动态演化模型根据交通流均衡状态不同，能进一步划分为用户均衡模型和随机用户均衡模型。王倩等运用价值函数和决策权重函数，考虑出行者的有限理性，以及路段的通行能力退化，建立了一个收敛于传统的 Wardrop 用户均衡状态的模型[113]；肖海燕研究基于马尔科夫的随机用户均衡演化过程，建立了反映出行者依赖历史信息动态调整路径决策的交通流演化模型，并证明了模型的稳定性[114]；Hoang 等建立了一个综合的线性数学框架来描述基于信息的网络随机用户均衡动态流量分配问题。利用该框架，证明了基于先进先出原则的用户均衡解和系统最优解之间的联系，并提出一种有效的增量加载求解方法[115]。

逐日动态演化模型还可分为基于路径的和基于路段的模型。其中基于路径的模型着重研究路径流的演化过程，它可以直接反映出行者路径选择行为的调整过程。这类模型需要输入一个初始路径流模式，不同的初始路径流模式会产生不同的演化过程。然而，实际上的初始路径流模式不唯一且难以观测到，因此这类模型仅用于理论研究。Ran 等基于路段变量研究了动态用户最优出发时间和路线选择问题，并给出了变分不等式规划[116]。He 等认为基于路径的交通流演化模型存在路径重合问题和初始路径流模式不同导致的均衡状态差异问题，建立了一种基于路段的交通流均衡分配模型，刻画出行者逐日路径调整行为和交通流演变过程[117]。Carey 等引入兼容型容量、溢出和队列因素，将路段出行时间作为路段使用率的函数建立了一个新的路段出行时间模型来刻画交通流动态演化过程，增强了路段出行时间模型的现实性、行为基础和可用性[118]。为解决基于路段的动态演化模型计算困难问题，Wang 等通过对基于路段的逐日动态演化模型中网络加载子问题进行敏感性分析，提出了三个逐日交通流演化过程的近似模型[119]。Tang 等提出了一个考虑干扰因素的网络路径流量模型，研究了公交站点和事故这两种典型的干扰因素以及共享节点的散度效应对各路段交通流的影响，并论证了某些复杂的物理现象（如冲击、稀疏波、停停走走、阻塞和路径发散）与各路径的初始密度有关，其中形成和传播速度受网络结构和路径选择行为的影响[120]。Wie 等同时考虑出行者的出发时间和路径选择决策两个阶段，基于弹性需求建立了交通分配模型，并给出了与之等价的一个基于路段的非线性互补问题[121]。Guo 等建立了基于路段变量的一般动态系统模型，以描述交通网络中从非均衡状态实现均衡的过程，论证了动态系统模型的若干理想性质。此外，证明了已有的两种基于路段的逐日交通流动态演化模型是该模型的特例，并对这些特殊情况下的动态稳定性进行了分析和讨论[122]。由于初始路段流易于观测，因此可以较为简单地获得路段流的演化过程。但是，由于基于路段的演化模型是基于集聚路段流建立的，因此无法反映个体出行者路径选择行为。

此外，一部分学者针对交通流演化模型及其算法的特性展开了研究[121-124]。还有大量学者针对不同因素影响下的单一均衡交通流动态演化展开了拓展研究。Ramazani 等考虑个体感知差异对出行路径选择的影响，提出了一种交通流预测模糊均衡方法并给出了求解算法，该算法可利用路径感知出行时间达到建议的模糊均衡状态[124]。DANILEVIČIUSA 等介绍了信号灯切换周期对交通流动态结果的不同影响。给定信号灯切换周期，建立了一种用交通灯标示道路点的模型，并利用离散交通流模型对模型进行求解[125]。Zheng 等考虑出行者驾驶行为的反应时间、平静参数、速度和空间相关的敏感性四个因素，基于稳态车辆跟踪模型提出了一种灵活的交通流模型，并进一步对模型的边界条件和齐次情况进行了详细的分析[126]。Calvert 等考虑随机不确定性和交通流波动的影响，提出了一个方法论框架，并在一个多部分的案例研究中进行了论证，结果证明了模型的有效性[127]。Peque 等考虑出行信息与路径选择行为间的相互作用关系，提出了两类求解用户均衡动态交通分配问题的自适应学习算法，并将其应用于动态交通分配问题进行分析，其中交通流和路径出行时间由基于元胞自动机的微观交通模拟器生成[128]。Long 等采用路段传输模型来建立单一目标网络系统排放最优的动态交通分配模型，通过考虑动态网络约束、非车辆持有约束和路段流入分解约束，将具有环境目标的系统最优动态交通分配问题转化为混合整数线性规划问题[129]。为研究实时信息以及由此产生的用户自适应路径选择行为对网络性能的影响，Bagdasar 等采用基于方差的方法研究了一个简化的并行路段流量模型的离散优化和连续优化以及均衡型问题，阐述了动态规划、禁忌搜索、最陡下降等求解方法，并与运输模型中使用的贝克曼成本函数进行了比较[130]。

### 2.3.2 混合交通流均衡调节

随着科学技术水平不断提高，道路网络出行者获取路网信息渠道众多，因此出行者的出行路径决策准则各有不同，不同准则下的各类出行者形成的各类交通流同时存在，遵循不同路径选择行为准则的各类交通流相互作用最终形成网络均衡，这种均衡状态即为混合均衡，对应的出行者多种路径调整行为准则影响下的交通流演化过程研究即为混合均衡交通流演化研究。虽然已有交通流动态演化的研究成果众多，但到目前为止，考虑出行者异质性刻画出行者混合均衡动态演化的成果并不多见。

为研究不同交通流相互作用最终形成的混合交通流均衡状态，刻画多类出行交通流相互影响下的混合交通流演化过程，Byung-Wook 等在 Harker[81] 的研究基础上，建立了 $N$ 个出行者的非合作、非零和动态博弈模型，研究两类出行者的相互作用，同时论证了模型最终收敛于用户均衡-纳什均衡混合均衡流[131]。Zhang 等将出行者根据感知效用差异进行分类，分别遵循用户均衡或纳什均衡准则（纳什均衡准则是用户均衡完全竞争和系统最优完美协调之间的中间状态，表现为内部协调和外部竞争），建立变分不等式模型研究这一混合均衡演化行为，并运用对偶理论建立统一路段收费策略促使混合均衡网络达到系统最优状态[83]。Yang 等建立用户均衡-纳什均衡-系统最优混合均衡模型，结合边际函数理论采用拉格朗日算法求解最优化问题，并论证其均衡解的存在性和唯一性。结果表明在用户均衡-纳什均衡混合均衡中引入一定比例的出行者服从系统最优准则，能带动混合均衡演化至系统最优模式[84]。Ehrgott 等考虑出行者路径决策行为的多种影响因素，基于随机效应理论建立了一个随机用户均衡模型来研究这一多目标问题[132]。Proble 等将出行者分为完全合作和完全竞争两类，研究了用户均衡-系统最优混合均衡模式，其中完全合作的出行者服从系统最优准则，完全竞争的出行者服从用户均衡准则[133]。

通过将出行者分为三类（配备预测型信息系统的出行者、配备静态信息系统且服从的出行者、没有配备信息系统或不服从系统建议的出行者），Delle 等人研究了预测型先进的旅行者信息系统和静态先进的旅行者信息系统作用下的出行者混合均衡行为模型[134]。Zhou 等对路网出行者进行分类：一类出行者有信息系统，能够接收到完整的交通出行信息，遵循 Wardrop 用户最优原则选择路径，另一类出行者没有先进的旅行者信息系统装置，出行者由于不具有完全的交通信息，路径选择服从随机用户均衡准则。建立了离散的混合均衡交通流动态演化模型，模拟了给定先进的旅行者信息系统市场渗透率下，收敛到用户均衡-随机用户均衡混合均衡状态的交通流演化轨迹，并对模型收敛性进行了讨论[79]。黄中祥等采用经济学中市场摸索过程（tatonnement process），对出行者路径选择过程进行研究，假设出行者的路径选择决策同时受时间和流量的影响，建立了一种混合均衡流演化模型[89]。

## 2.4 国内外研究现状评述

根据前文可知，国内外学者在路径选择行为、道路网络交通流均衡模式以及道路网络均衡交通流演化过程研究方面取得了不少的成果，主要归纳为以下几个方面：

① 关于路径选择行为的研究，尽管相关研究人员从不同的角度运用不同的理论和方法建立了许多的模型，刻画出行者基于交通信息和自身经验等因素所做出的路径选择，并在模型的基础上对模型解的特性、求解算法以及可靠性等进行了分析，均取得了不少的成果。但不变的本质是建立一个切合实际、简单明确且合理有效地描述实际路网出行者的出行路径调整行为的模型，从而运用它来分析道路交通流的特性、掌握路网交通流受到干扰后的自动调整机制和变化形态，最终服务于当前交通问题的解决，制定城市交通拥堵疏散政策和获得可信的交通流预测成果。相关的研究成果主要基于出行者出行时间和出行费用的综合效益最大化原则，对出行者的路径调整行为产生的交通流展开了一系列的研究工作。但出行者作为一个决策个体，其决策选择行为受不同特性的影响，且对信息的感知和选取会存在差异，出行者的异质性、选择偏好和有限理性等对路径选择行为产生的影响在相关的研究中仍然没有得到很好的阐述和刻画。因而，从出行者行为特性的角度出发对交通流的演化运行规律的研究仍需深入和完善。

② 针对道路网络均衡流模式的研究，现有的研究成果显示研究人员分别针对不同的交通流均衡模式对交通分配问题开展了相关的研究工作。建立了一系列网络均衡模型研究交通流均衡问题，所刻画的交通流最终稳定状态为三种经典的道路网络单一均衡流分布模式：用户均衡、随机用户均衡和系统最优交通流模式；部分研究人员还基于这类模型设计了各种求解算法进而对均衡模式进行分析。另外一些研究者们从多种均衡模式并存的交通网络均衡状态出发对道路网络交通流的混合均衡模式展开研究。虽然这部分研究者们考虑了路网出行者路径选择行为的多样性，但均以现有的刻画三种出行时间最小化目标的经典交通流均衡模式为基础，缺乏对出行市场出行者行为约束多样性和行为准则异质性的讨论和分析。

③ 针对道路网络均衡交通流演化的研究，也是近几十年国内外研究人员的重点研究对象。相关的研究工作主要基于已有的各种道路网络均衡流模式，建立收敛于这些均衡模式的动态交通流演化模型，刻画交通流从受干扰后的非均衡状态向均衡状态不断调整的演变轨迹，分析交通流的运行规律和内在机理。因此已有均衡模式的局限性导致鲜有研究进一步分析出行者路径选择行为受不同信号约束情况下所产生的混合交通流对交通流演化过程和交通流均衡状态带来的影响。这也促使了本文从非均衡理论的价格-数量双重约束的角度出发对道路网络出行者的路径选择行为以及所形成的混合交通流开展研究。而现有的相关研究成果，可为本文的价格-数量混合调节交通流演化模型的研究提供相应的理论依据。

众所周知，用户均衡、随机用户均衡和系统最优是目前交通领域在理论和应用研究方面主要考虑的三种均衡流模式，如果所有出行者都选择真实时间最短路径出行，网络流最终会形成 Wardrop 用户均衡状态；选择感知时间最短路径出行，网络流形成随机用户均衡状态；选择使系统总的出行时间最短的路径出行的路径决策行为，最终形成的均衡状态为系统最优。上述三种经典的网络流均衡模式均假设出行者以出行时间最短作为路径选择行为准则，体现了出行者对出行路径快捷性的选择偏好，反映的是出行者的路径选择行为仅受到出行价格信号的调节。

到目前为止，反映出行者价格信号调节的路径快捷性选择行为，通过以路径出行时间作为路径选择决策核心指标，被广泛应用于各种网络流建模，现有的网络交通流动态演化研究基本是探索一种保证交通流系统收敛到用户均衡或随机用户均衡的动态演化规则，研究的是价格信号调节下的路径快捷性选择偏好下的网络流演化过程。然而，鲜有文献研究数量信号调节下的路径舒适性选择偏好，以及同时考虑路径快捷性和舒适性选择偏好的网络流演化研究成果。为了克服这一缺陷，本书基于经济学非均衡理论中的价格-数量调节行为原理，同时考虑价格信号调节下的出行者快捷性选择行为和数量信号调节下的出行者舒适性选择行为，分别建立相应的价格调节用户均衡（传统的 Wardrop 用户均衡）和数量调节用户均衡描述、路径快捷性选择行为准则和路径舒适性选择行为准则，以及考虑非可加路径费用的路径经济性选择行为准则，定义不同出行者路径选择行为综合影响下形成的混合均衡交通流及其相互作用达到的混合均衡模式，对混合均衡交通流从非均衡状态向均衡状态演化的过程进行建模并对其特性进行研究，进而考虑出行者个体感知误差研究 Wardrop 用户均衡、随机用户均衡和数量调节用户均衡共同存在的混合均衡模式和演化过程，以刻画智能交通信息系统环境下多路径选择行为对交通流演化的相互影响。深入研究网络混合均衡流形成机理及动态演化过程，不仅能弥补单一均衡流模式的失真性，提高交通规划和网络设计的科学性，而且能促进理解交通流的运行机理和调节机制，提高交通流调控措施和优化策略的有效性。

# 第3章 城市路网个体交通流均衡调节

在实际道路交通系统中，出行者作为出行需求的发起者、道路设施的使用者、出行环境舒适性和快捷性的感知者，以及出行路径选择的决策者与出行行为的完成者，其出行路径选择行为对于整个道路网络交通流的稳定状态和演化过程有着非常重要的影响。而随着城市化进程加快，城市内部建筑工程、出行地铁、公交和城市间高速公路、铁路等各类建设活动都十分活跃，导致总体交通拓扑结构和出行格局处于不断变化的过程中，路网交通流经常因外部或者内部因素的干扰处于非均衡状态。

近年来网络交通流从非均衡向均衡的动态演化过程受到了广泛的关注，很多学者以出行路径调整行为研究为基础，建立了各种交通流动态模型，用来刻画交通流从非均衡向均衡演化的过程[102,135]。郭仁拥等通过放松 Smith 模型的行为假设条件，建立了离散动态系统并对交通流从非均衡向均衡的逐日演化过程进行了研究，认为出行者基于自身估算的行驶时间选择路径，且调整路径的出行者数与路径调整率相关[109,136]。Cantarella 等考虑个体惯性研究路径选择行为对交通流的影响，建立了离散型随机确定性过程模型，并给出了交通流分配的一般框架[137]。考虑出行者的社会互动性，Wei 等提出了一种刻画出行者路径选择行为的交通流演化模型，研究个体出行者的路径选择决策及其相互作用对路网交通流模式的影响[138]。同样还有许多学者考虑不同的出行者路径选择行为影响因素，对网络交通流的动态分配和演化问题展开了大量的研究[89,110,114,139-144]。例如赵传林等采用满意度的概念，建立了基于满意度准则的并行网络流量分配问题模型[145]；唐铁桥等基于路网扰动因素建立了一种基于路径的交通流模型，研究了公交站点和事故这两个典型因素对交通流的影响[120]；Liu 等人通过网络演化模型明确分析了出行者与交通信息提供者之间的交互作用，考虑了用户惯性对出行者路径选择的影响[146]。

然而，上述这些研究均假设出行者具有路径出行时间最小化选择行为，其路径选择决策以路径出行时间-出行价格为出行者的唯一决策变量，与实际交通出行中情况不相符，实际的交通行为人具有独立的特性，他们的路径选择决策行为与许多因素有关。不同的出行者因为不同的出行环境、感知差异和个体偏好等，其所获取的出行信息、影响因素和所做出的出行决策也会有所不同，具体表现为：即使在同样的交通出行环境和具有同样路网信息的出行者间，一部分出行者可能按照时间最短选择最快捷路径出行，另一部分出行者可能更注重出行的舒适性，如道路风景、服务水平、安全性等。

这一现象可以很好地由非均衡理论中的价格-数量调节原理进行解释。本章基于价格-数量行为调节原理，对个体出行者的路径选择行为进行研究，认为出行者的路径选择是基于出行时间（价格）和出行流量（数量）作出的综合决策，既追求出行的快捷性也追求出行的舒适性，分别定义了价格调节用户均衡状态、数量调节用户均衡状态和价格-数量混合调节用户均衡，运用网络搜索法分别构建价格调节网络交通流演化模型、数量调节网络交通流演化模型和价格-数量调节网络交通流演化模型，刻画了不同行为调节原理下的路径选择行为所形成的交通流演化轨迹，明确了不同的出行者路径选择行为与交通流状态之间的关系。最后，分别对三个模型进行了数值模拟并讨论了理论分析的有效性。

## 3.1 混合调节用户均衡

### 3.1.1 价格调节用户均衡

已有的交通流演化模型和分配模型均假设路网出行者的出行决策变量是统一的，即所有出行者都基于出行时间这一变量，选择时间最短的最快捷路径出行。价格调节用户均衡假设路网出行者路径选择行为完全遵循价格调节机制，即路网出行者对路网信息完全掌握，且其决策过程是严格理性的，会选择实际行驶时间最短的路径出行。

假设路段 $a$ 上的路段流量为 $x_a$，路段行驶时间为 $t_a=t_a(x_a)$，且路径时间具有可加合性，则路径行驶时间为：

$$c_w^r=\sum_{a\in A}\delta_w^{ra}t_a(x_a) \tag{3.1}$$

式中，路段集合表示为 $A=\{a\in A\}$；路径集合表示为 $R_w=\{r\in R_w\}$；$W=\{w\in W\}$ 表示 OD 对集合；$\delta_w^{ar}$ 表示路段与路径关联变量；若 OD 对 $w$ 间路段 $a\in r$ 则 $\delta_w^{ar}=1$；当路径 $r$ 不包括路段 $a$ 时，取值为 0。

当路网现有流量为零时，出行者遵循价格调节机制会选择实际出行时间最短的路径出行；随着路网流量逐渐增加，路径出行时间也逐渐增加，出行者会调整其出行路径以满足对快捷性的追求，因此路径流向出行时间更短的替代路径转移，逐日迭代演化最终达到一种稳定状态，这种稳定状态就是价格调节用户均衡状态，也就是传统的 Wardrop 用户均衡。

定义：价格调节用户均衡状态下，所有流量大于零的路径出行时间均等于所属 OD 对的最小路径出行时间；而其他出行时间大于最小路径出行时间的备选路径，其路径流量均为零[87]。价格调节用户均衡可表示为：

$$\begin{cases}c_w^r(f)=\mu_w,\text{if } f_w^r>0\\ c_w^r(f)\geqslant\mu_w,\text{if } f_w^r=0\end{cases} \tag{3.2}$$

式中，$f_w^r$ 为 OD 对 $w$ 间路径 $r$ 上的路径流量；$\mu_w$ 为 OD 对 $w$ 间的最小路径出行时间。

### 3.1.2 数量调节用户均衡

数量调节机制认为出行者总是希望选择流量相对较小的路径出行。出行者根据可选路径上交通流的大小选择出行路径，显然流量相对较小意味着路径不拥挤，自由行驶机会多，驾驶舒适性相对较好。为刻画这一选择行为，选取路径剩余容量作为反映路网舒适性程度的指标，路径剩余容量是路径最大交通容量与路径流量之差，是路径流量的一种间接表达，它能较好地反映路径的通行能力和出行舒适度水平。剩余容量大的路径服务水平、道路设施、通畅程度、行驶体验感等均高于剩余容量小的可选路径，其出行舒适性好，反之亦然。数量调节下，出行者根据路径剩余容量进行出行路径选择，所有出行者都选择剩余容量最大的路径出行，也就是说路径剩余容量是唯一的路径决策变量。数量调节用户均衡假设路网出行者路径选择行为完全遵循数量调节机制，即路网出行者对路网信息完全掌握，且完全理性地选择实际剩余容量最大的路径出行。

令 $K_a$ 表示路段 $a$ 的最大交通容量，可得 OD 对 $w$ 间路径 $r$ 的最大交通容量为：

$$K_w^r=\min(\delta_w^{ra}K_a) \tag{3.3}$$

OD 对 $w$ 间路径 $r$ 的剩余容量 $s_w^r$ 为：

$$s_w^r(f)=K_w^r-f_w^r \tag{3.4}$$

OD 对 $w$ 间的最大路径剩余容量为：

$$v_w=\max_{r\in R_w}\{s_w^r(f)\} \tag{3.5}$$

当路网现有流量为零时，出行者为获得舒适性最好会选择路径容量最大的路径出行；随着路网流量逐渐增加，所有可选路径上的剩余容量会随之降低，路径出行舒适性降低，因此出行者会根据出行舒适性调节路径选择行为，路径流向剩余容量更大的替代路径转移，逐日迭代演化最终达到一种稳定状态，这一路径调整行为成为路径舒适性选择行为，最终形成的均衡状态称为数量调节用户均衡状态[89]。

定义：数量调节用户均衡状态下，所有流量大于零的路径均具有相等的剩余容量，且等于路径所在 OD 对的最大路径剩余容量；而其他剩余容量小于最大剩余容量的备选路径，其路径流量均为零[87]。数量调节用户均衡可表示为：

$$\begin{cases} s_w^r(f)\leqslant v_w, \text{if } f_w^r=0 \\ s_w^r(f)\geqslant v_w, \text{if } f_w^r>0 \end{cases} \tag{3.6}$$

### 3.1.3 价格-数量混合调节用户均衡

非均衡理论认为市场供需关系无法完全依靠价格调节达到均衡状态[1]。在非均衡理论中，决策调节变量为价格信号和数量信号，这也是非均衡理论的基础思想和研究准则，将这一原理应用于交通出行行为分析，表现为出行者在进行路径选择时同时受到价格和数量的双重约束。

路径选择行为是交通流产生的基础，而不同的路径选择行为准则下的交通流稳定状态也有所不同。如上所述，遵循价格调节行为准则的路径选择行为所产生的交通流会稳定在价格调节用户均衡状态，而遵循数量调节行为准则的路径选择行为所形成的交通流则会最终稳定在数量调节用户均衡状态。基于价格-数量共同调节原理，假设进行路径选择决策时，出行者会综合考虑出行时间和剩余容量两个因素，选择既快捷又舒适的路径出行。将出行者这种双重路径选择行为的决策因素定义为综合费用，综合费用是路径行驶时间 $c_w^r$ 和剩余容量 $s_w^r$ 的加权组合：

$$\gamma=\lambda_1 c_w^r+\lambda_2 s_w^r \tag{3.7}$$

式中，$\lambda$ 为价格和数量共同调节时的权重，$\lambda_1+\lambda_2=1$，$\lambda_1,\lambda_2\in[0,1]$，反映出行者对出行时间和剩余容量的敏感程度。

定义：价格-数量调节用户均衡状态下，OD 对间所有被使用路径上的综合费用相等，且小于或等于其他任何未被使用路径上的综合费用[87]。

当 $\lambda_1=1$，$\lambda_2=0$ 时，路径综合费用等于路径出行时间，表示出行者只追求出行的快捷性，此时价格-数量调节用户均衡与单一价格调节用户均衡一致。

当 $\lambda_1=0$，$\lambda_2=1$ 时，路径综合费用等于路径剩余容量，表示出行者只追求出行的舒适性，此时价格-数量调节用户均衡与单一数量调节用户均衡一致。

## 3.2 混合调节交通流演化模型

### 3.2.1 价格调节交通流演化模型

通过经济学市场摸索过程法，刻画出行者的动态路径调整行为。路网各起讫点间出行者的出行需求即为出行市场中的需求方，路网中的所有可选择路径即为出行市场的供给方，而将交通出行信息系统视为“拍卖人”。

经济学中，由于外在原因，使得价格和数量偏离均衡数值，经济制度中存在自发的因素使得价格和数量再次取得均衡。运用到交通领域，例如由于交通事故、建筑活动等干扰导致某一时刻交通需求与供给失衡，即存在了一部分还未被满足和分配的需求，此部分需求则为超额需求部分，表示未能被原有均衡消化的需求，因此须演化到新的均衡状态。假设 $t$ 时刻 OD 对 $w$ 间的交通需求为 $T_w(\mu(t))$，定义 $t$ 时刻 OD 对 $w$ 间的超额需求为：

$$\mathrm{ETD}_w(\mu_w(t),f(t))=T_w(\mu(t))-\sum_{r\in R_w} f(t) \tag{3.8}$$

定义 $t$ 时刻 OD 对 $w$ 间路径 $r\in R_w$ 上的超额时间为该路径出行时间与该路径所属 OD 对间的最小路径出行时间之差，表示为：

$$\mathrm{ETC}_w^r(\mu_w(t),f(t))=c_w^r(f(t))-\mu(t) \tag{3.9}$$

假设 $\mu_w$ 关于时间 $t$ 连续可微，则有：

$$\frac{\mathrm{d}\mu_w}{\mathrm{d}t}=\lim_{\Delta t\to o}\frac{\mu_w(t+\Delta t)-\mu_w(t)}{\Delta t} \tag{3.10}$$

近似值表示为：

$$\frac{\mathrm{d}\mu_w}{\mathrm{d}t}\approx\kappa_w[\mu_w(t+\Delta t)-\mu_w(t)] \tag{3.11}$$

式中，$\kappa_w \in \Re_+$ 表示 OD 对 $w$ 间最短路径时间 $\mu_w$ 的微分近似系数。

根据蛛网模型，假定下式成立：

$$\mu_w(t+\Delta t)=\mu_w(t)+\alpha \mathrm{ETD}_w(\mu_w(t),f(t)) \tag{3.12}$$

式中，$\alpha \in \Re_+$ 表示 $t$ 时刻 OD 对 $w$ 间超额需求对 $t+\Delta t$ 时刻最短路径时间 $\mu_w$ 的影响系数。

由于（$t+\Delta t$）时刻的路径时间不能为负，将式(3.12)修改为：

$$\mu_w(t+\Delta t)=\{\mu_w(t)+\alpha \mathrm{ETD}_w(\mu_w(t),f(t))\}_+ \tag{3.13}$$

式中，$\{z\}_+=\max(0,z)$。式(3.13)中参数 $\alpha$ 前取正是因为随着出行需求不断增加，超额需求也会随之增加，导致路网交通流增加，路网所有路径的出行时间都会增加，相应的 OD 对间最小出行时间也会增加。将式(3.13)代入式(3.11)，得路径时间的动态式为：

$$\frac{\mathrm{d}\mu_w(t)}{\mathrm{d}t}=\kappa_w(\{\mu_w(t)+\alpha \mathrm{ETD}_w(\mu_w(t),f(t))\}_+-\mu_w(t)) \quad \alpha \in \Re_+ \tag{3.14}$$

同理可得路径流动态式为：

$$\frac{\mathrm{d}f_w^r(t)}{\mathrm{d}t} \approx \eta_w^r(f_w^r(t+\Delta t)-f_w^r(t)) \tag{3.15}$$

式中，$\eta_w^r \in \Re_+$ 表示 OD 对 $w$ 间路径流 $f_w^r$ 的微分近似系数。

在（$t+\Delta t$）时刻的路径流为：

$$f_w^r(t+\Delta t)=f_w^r(t)-\beta \mathrm{ETC}_w^r(\mu_w(t),f(t)) \tag{3.16}$$

式中，$\beta \in \Re_+$ 表示 $t$ 时刻路径上的超额时间对 $t+\Delta t$ 时刻路径流 $f_w^r$ 的影响系数。

由于（$t+\Delta t$）时刻的路径流不能为负，将上式修改为：

$$f_w^r(t+\Delta t)=\{f_w^r(t)-\beta \mathrm{ETC}_w^r(\mu_w(t),f(t))\}_+ \tag{3.17}$$

式(3.17)中参数 $\beta$ 前取负，表示路径流量与出行时间呈负相关关系，即当路径出行时间大于 OD 对间的最小路径出行时间时，出行者会向其他出行时间更短的路径转移，导致当前路径流量减少。将式(3.17)代入式(3.15)得到：

$$\frac{\mathrm{d}f_w^r(t)}{\mathrm{d}t}=\eta_w^r(\{f_w^r(t)-\beta \mathrm{ETC}_w^r(\mu_w(t),f(t))\}_+-f_w^r(t)) \tag{3.18}$$

综合式(3.14)和式(3.18)，给定初始条件 $\mu(t=0)=\mu^0$ 以及 $f(t=0)=f^0$，可得价格调节模型为($t\in[0,T]$)：

$$\begin{cases}\dfrac{\mathrm{d}\mu(t)}{\mathrm{d}t}=\kappa(\{\mu(t)+\alpha \mathrm{ETD}(\mu(t),f(t))\}_+-\mu(t)) \\ \dfrac{\mathrm{d}f(t)}{\mathrm{d}t}=\eta(\{f(t)-\beta \mathrm{ETC}(\mu(t),f(t))\}_+-f(t)) \\ \mu(0)=\mu^0 \\ f(0)=f^0\end{cases} \tag{3.19}$$

式中，$\kappa=\mathrm{diag}(\kappa_w: w\in W)$；$\eta=\mathrm{diag}(\eta_w^r: r\in R_w,\ w\in W)$。

### 3.2.2 数量调节交通流演化模型

同理，定义 OD 对 $w$ 间各路径 $r\in R_w$ 上的超额剩余容量为：

$$\mathrm{ETV}_w^r(f(t))=s_w^r(f(t))-v_w(t) \tag{3.20}$$

假设 $v_w$ 关于时间 $t$ 连续可微，则有：

$$\frac{\mathrm{d}v_w}{\mathrm{d}t}=\lim_{\Delta t\to 0}\frac{v_w(t+\Delta t)-v_w(t)}{\Delta t} \tag{3.21}$$

近似值表示为：

$$\frac{\mathrm{d}v_w}{\mathrm{d}t}\approx\omega_w(v_w(t+\Delta t)-v_w(t)) \tag{3.22}$$

式中，$\omega_w\in\Re_+$ 表示 OD 对 $w$ 间最大路径剩余容量 $v_w$ 的微分近似系数。

根据蛛网模型，同样假定下式成立：

$$v_w(t+\Delta t)=v_w(t)-\vartheta\mathrm{ETD}_w(\mu(t),h(t)) \tag{3.23}$$

式中，$\vartheta\in\Re_+$ 表示 $t$ 时刻路径上的超额需求对 $t+\Delta t$ 时刻最大剩余容量 $v_w$ 的影响系数。

由于$(t+\Delta t)$时刻的剩余容量不能为负，将上式修改为：

$$v_w(t+\Delta t)=\{v_w(t)-\vartheta\mathrm{ETD}_w(\mu(t),h(t))\}_+ \tag{3.24}$$

同理，式(3.24) 中参数 $\vartheta$ 前取负是因为随着出行需求不断增加，超额需求也会随之增加，导致路网交通流增加，那么相应的最大剩余容量将减小。将式(3.24) 代入式(3.22)，得到路径剩余容量的动态式为：

$$\frac{\mathrm{d}v_w}{\mathrm{d}t}=\omega_w(\{v_w(t)-\vartheta\mathrm{ETD}_w(\mu(t),h(t))\}_+-v_w(t)) \tag{3.25}$$

同理假设在$(t+\Delta t)$时刻：

$$f_w^r(t+\Delta t)=\{f_w^r(t)+\varphi\mathrm{ETV}_w^r(f(t))\}_+ \tag{3.26}$$

式中，$\varphi\in\Re_+$ 表示 $t$ 时刻路径上的剩余容量对 $t+\Delta t$ 时刻路径流 $f_w^r$ 的影响系数。

式(3.26) 中参数 $\varphi$ 前取正，表示路径流量与剩余容量呈正相关关系，即当路径存在超额剩余容量时，剩余容量越大表示出行越通畅，因此出行者的出行欲望会增加，从而导致路径流量增加。将式(3.26) 代入式(3.15)，得到：

$$\frac{\mathrm{d}f_w^r(t)}{\mathrm{d}t}=\eta_w^r(\{f_w^r(t)+\varphi\mathrm{ETV}_w^r(f(t))\}_+-f_w^r(t)) \tag{3.27}$$

综合式(3.25) 和式(3.27)，给定初始条件

$v(t=0)=v^0$ 以及 $f(t=0)=f^0$，可得数量调节模型为($t\in[0,T]$)：

$$\begin{cases}\dfrac{\mathrm{d}v(t)}{\mathrm{d}t}=\omega(\{v(t)-\vartheta\mathrm{ETD}(\mu(t),f(t))\}_+-v(t))\\[2ex]\dfrac{\mathrm{d}f(t)}{\mathrm{d}t}=\eta(\{f(t)+\varphi\mathrm{ETV}(f(t))\}_+-f(t))\\[2ex]\nu(0)=v^0\\ f(0)=f^0\end{cases} \tag{3.28}$$

式中，$\omega=\text{diag}(\omega_w: w\in W)$，$\vartheta>0$，$\phi>0$。

### 3.2.3　价格-数量混合调节交通流演化模型

3.1.1 节和 3.1.2 节分别基于价格调节准则和数量调节准则，建立了单一调节下的交通流动态演化模型，刻画了出行者在仅遵循价格调节准则和仅遵循数量调节准则时的路径选择行为以及相应的路径流调节过程。根据非均衡理论价格一数量调节原理可知，价格信号和数量信号都会影响出行者的路径决策行为，意味着出行者会综合考虑出行时间和剩余容量两个因素，择优选择既快捷又舒适的路径出行。

综上所述，综合考虑路径出行时间和路径剩余容量所产生的路径流动态调节过程可表示为：

$$\frac{\mathrm{d}f(t)}{\mathrm{d}t}=\eta(\{f(t)-\beta\lambda_1\text{ETC}(\mu(t),f(t)+\varphi\lambda_2\text{ETV}(f(t))\}_+-f(t)) \tag{3.29}$$

给定初始条件 $\mu(t=0)=\mu^0$，$\nu(t=0)=\nu^0$ 及 $f(t=0)=f^0$，可得加权价格-数量混合调节模型为($t\in[0,T]$)：

$$\begin{cases}\dfrac{\mathrm{d}\mu(t)}{\mathrm{d}t}=\kappa(\{\mu(t)+\alpha\text{ETD}(\mu(t),f(t))\}_+-\mu(t))\\[2mm]\dfrac{\mathrm{d}\nu(t)}{\mathrm{d}t}=\omega(\{\nu(t)-\vartheta\text{ETD}(\mu(t),f(t))\}_+-\nu(t))\\[2mm]\dfrac{\mathrm{d}f(t)}{\mathrm{d}t}=\eta(\{f(t)-\beta\lambda_1\text{ETC}(\mu(t),f(t))+\varphi\lambda_2\text{ETV}(f(t))\}_+-f(t))\\[2mm]\mu(0)=\mu^0\\\nu(0)=\nu^0\\f(0)=f^0\end{cases} \tag{3.30}$$

## 3.3　模型性质及求解

### 3.3.1　模型稳定状态与均衡的等价性

当综合费用函数为连续的正函数，交通需求函数为连续的非负函数时，价格-数量混合调节交通流网络搜索演化过程最终收敛于价格-数量混合调节用户均衡状态[87]。

当演化模型式(3.30) 达到稳定状态时，令$\dfrac{\mathrm{d}\mu(t)}{\mathrm{d}t}=0$，$\dfrac{\mathrm{d}\nu(t)}{\mathrm{d}t}=0$，$\dfrac{\mathrm{d}f(t)}{\mathrm{d}t}=0$，此时式(3.30) 可表示为：

$$\mu(t)=\{\mu(t)+\alpha\text{ETD}(\mu(t),f(t))\}_+ \tag{3.31}$$

$$\nu(t)=\{\nu(t)-\vartheta\text{ETD}(\mu(t),f(t))\}_+ \tag{3.32}$$

$$f(t)=\{f(t)-\beta\lambda_1\text{ETC}(\mu(t),f(t))+\varphi\lambda_2\text{ETV}(f(t))\}_+ \tag{3.33}$$

上述三个等式分别为路网出行时间、剩余容量和路径流的动态演化式，显然这是一个不动点问题，因此可化为如下变分不等式。

$$\sum_w (-\mathrm{ETD}_w(\mu(t),f(t)))(\mu_w-\mu_w^*)+\sum_w (\mathrm{ETD}_w(\mu(t),f(t)))(\nu_w-\nu_w^*)$$
$$+\sum_w\sum_{r\in R_w}\{\beta\lambda_1[\mathrm{ETC}_w^r(\mu(t),f(t))]+\varphi\lambda_2[\mathrm{ETV}_w^r(\mu(t),f(t))]\}(f_w^r-f_w^{r*})\geqslant 0 \tag{3.34}$$

将式(3.8)～式(3.20)代入式(3.34)，得

$$\sum_w(\sum_{r\in R_w}f_w^{r*}-T_w(\mu^*))(\mu_w-\mu_w^*)+\sum_w(T_w(\mu^*)-\sum_{r\in R_w}f_w^{r*})(\nu_w-\nu_w^*)$$
$$+\sum_w\sum_{r\in R_w}\{\beta\lambda_1[c_w^r(f^*)-\mu_w^*]+\varphi\lambda_2[\nu_w^*-s_w^r(f^*)]\}(f_w^r-f_w^{r*})\geqslant 0 \tag{3.35}$$

变分不等式(3.35) 的 KKT 条件 (库恩-塔克条件)[147] 为：

$$\beta\lambda_1[c_w^r(f^*)-\mu_w^*]+\varphi\lambda_2[\nu_w^*-s_w^r(f^*)]-\xi_w=0,\xi_w^r\geqslant 0,\xi_w^r f_w^{r*}=0 \tag{3.36}$$

$$\sum_{r\in R_w}f_w^{r*}-T_w(\mu^*)-\varepsilon_w=0,\varepsilon_w\geqslant 0,\varepsilon_w\mu_w^*=0 \tag{3.37}$$

$$T_w(\mu^*)-\sum_{r\in R_w}f_w^{r*}-\psi_w=0,\psi_w\geqslant 0,\psi_w\nu_w^*=0 \tag{3.38}$$

式中，$\xi_w^r$，$\varepsilon_w$ 和 $\psi_w$ 为非负约束的对偶变量向量。

下面分情况讨论上述 KKT 条件的含义：

① 若 $\lambda_1=1,\lambda_2=0$,则式(3.36)变为 $\beta[c_w^r(f^*)-\mu_w^*]-\xi_w^r=0$。当 $f_w^{r*}>0$ 时,$\xi_w^r=0$,则 $c_w^r(f^*)=\mu_w^*$;当 $f_w^{r*}=0$ 时,$\xi_w^r>0$,则 $c_w^r(f^*)>\mu_w^*$。式(3.36)等价于 Wardrop 用户均衡。由于 $\mu_w^*=\min_{r\in R_w}c_w^r(f^*)>0$,故 $\varepsilon_w=0$,式(3.37)为流量守恒约束。

② 若 $\lambda_1=0$，$\lambda_2=1$，则式(3.36) 变为 $\varphi[\nu_w^*-s_w^r(f^*)]-\xi_w=0$。当 $f_w^{r*}>0$ 时，则 $\nu_w^*=s_w^r(f^*)$；当 $f_w^{r*}=0$ 时，则 $\nu_w^*>s_w^r(f^*)$。式(3.36) 等价于单一数量约束。又由于 $K_w^r\geqslant f_w^r$，则 $\nu_w=\max[s_w^r(f^*)]>0$，由此可得 $\psi_w=0$，则式(3.38) 为流量守恒约束。

③ 若 $\lambda_1$ 和 $\lambda_2$ 取值介于区间 (0, 1) 间，此时式(3.36) 就转化为混合调节约束条件；而式(3.37) 和式(3.38) 转化为同一等式，均代表流量守恒约束。

### 3.3.2 模型求解

以单一价格调节演化模型为例给出求解过程：

Step0：初始化。令 $t=0$，$\Delta t$ 表示迭代步长，给定初始最小路径出行时间 $\mu(t=0)$ 和初始路径流量 $f(t=0)$，设定模型参数 $\alpha$，$\beta$，$\eta$，$\kappa$，调整参数 $\gamma$ 及终止条件 $\zeta$。

Step1：根据式(3.8) 和式(3.9) 求解 $t$ 时刻 OD 对间的超额需求及超额费用。

Step2：根据式(3.11) 和式(3.15) 求解 $t$ 时刻出行费用对时间的微分及路径流量对时间的微分。

Step3：采用欧拉法计算 $t+\Delta t$ 时刻的费用和流量：

$$\mu(t+\Delta t)=\mu(t)+\gamma\frac{\mathrm{d}\mu(t)}{\mathrm{d}t};f(t+\Delta t)=f(t)+\gamma\frac{\mathrm{d}f(t)}{\mathrm{d}t}$$

Step4：收敛性检验。如果 $\left\|\frac{\mu(t+\Delta t)-\mu(t)}{\mu(t)}\right\|\leqslant\zeta$ 且 $\left\|\frac{f(t+\Delta t)-f(t)}{f(t)}\right\|\leqslant\zeta$，则输出

$\mu(t+\Delta t)$和 $f(t+\Delta t)$，否则，令 $t=t+\Delta t$，转入 Step1。

单一数量调节演化模型以及价格-数量混合调节演化模型的求解过程与单一价格调节演化模型的基本类似，因此不再一一列举。

## 3.4 数例演算

给定单一 OD 网络[117]。路段-路径关联矩阵 $\mathbf{\Delta}$（表 3.1）。OD 对（1，9）间有六条路径：$f_1=\{a_1,a_2,a_9,a_{12}\}$，$f_2=\{a_1,a_4,a_8,a_{12}\}$，$f_3=\{a_1,a_6,a_8,a_{11}\}$，$f_4=\{a_3,a_4,a_7,a_{12}\}$，$f_5=\{a_3,a_6,a_7,a_{11}\}$，$f_6=\{a_5,a_6,a_7,a_{10}\}$。演化模型参数见表 3.2。测试交通网络如图 3.1 所示。

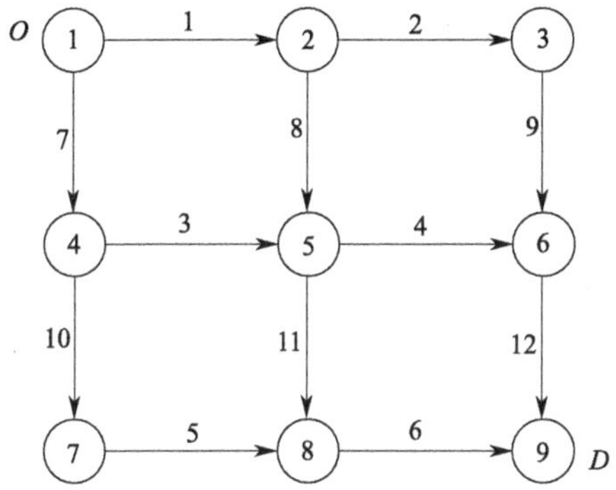


图 3.1　测试交通网络

**表 3.1　路段-路径关联矩阵**

$$\mathbf{\Delta}^{\mathrm{T}}=\begin{bmatrix}1&1&0&0&0&0&0&0&1&0&0&1\\1&0&0&1&0&0&0&1&0&0&0&1\\1&0&0&0&0&1&0&1&0&0&1&0\\0&0&1&1&0&0&1&0&0&0&0&1\\0&0&1&0&0&1&1&0&0&0&1&0\\0&0&0&0&1&1&1&0&0&1&0&0\end{bmatrix}$$

**表 3.2　演化模型参数**

| 参数 | 取值 | 参数 | 取值 |
|---|---|---|---|
| $\alpha$ | 0.5 | $\eta$ | 1.0 |
| $\beta$ | 2.0 | $\vartheta$ | 0.5 |
| $\kappa$ | 1.0 | $\varphi$ | 2.0 |

路段流与路径流的关系如下：

$$x_a(t)=\Delta f_w^r(t),\forall a\in A,\forall r\in R_w \tag{3.39}$$

时间函数参数见表 3.3，路段行驶时间函数采用 BPR 函数：

$$t_a(f_a(t))=t_a^0\left[1+0.15\left(\frac{f_a(t)}{c_a}\right)^4\right],\forall a\in A \tag{3.40}$$

**表 3.3　时间函数参数**

| 路段 | $t_a^0$/h | $c_a$/(辆/h) | 路段 | $t_a^0$/h | $c_a$/(辆/h) |
|---|---|---|---|---|---|
| 1 | 8 | 600 | 7 | 12 | 600 |
| 2 | 16 | 600 | 8 | 14 | 800 |
| 3 | 10 | 800 | 9 | 10 | 600 |
| 4 | 8 | 600 | 10 | 10 | 800 |
| 5 | 8 | 400 | 11 | 8 | 400 |
| 6 | 12 | 400 | 12 | 8 | 600 |

注：$t_a^0$ 为路段自由行驶时间；$c_a$ 为路段的实际通行能力。

给定需求 $T=2400$，初始路径流 $f(0)=\{0,0,0,0,0,0\}$，初始时间 $\mu(0)$ 通过 $h(0)$ 确定，演化 $t\in[0,200]$，$\Delta t$ 取 0.05，$\zeta$ 取 0.001，$\gamma$ 取 0.05，分别对上述三个模型进行数值计算。

### 3.4.1 单一价格调节

单一价格调节下，$f_1$、$f_2$、$f_3$、$f_4$、$f_5$、$f_6$ 的路径流量演化过程如图 3.2 和图 3.3 所示，稳定后各路径流量和路径时间值如表 3.4 所示。结合图 3.2 和表 3.4 可知，在单一价格调节时，路网交通流经过一定时间的波动后，最终达到的稳定状态与 Wardrop 用户均衡状态一致。

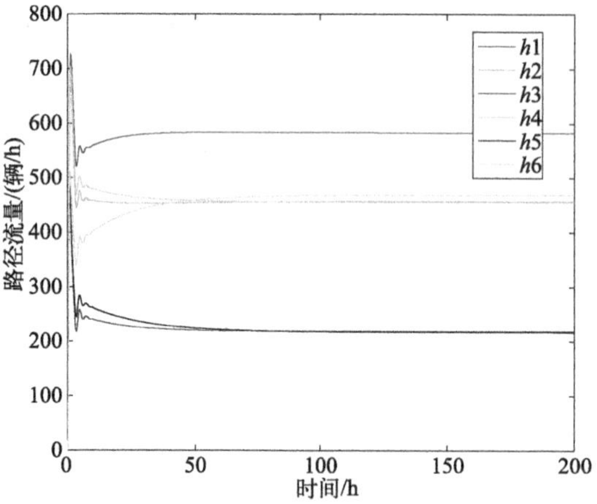


图 3.2 动态调节过程图 1

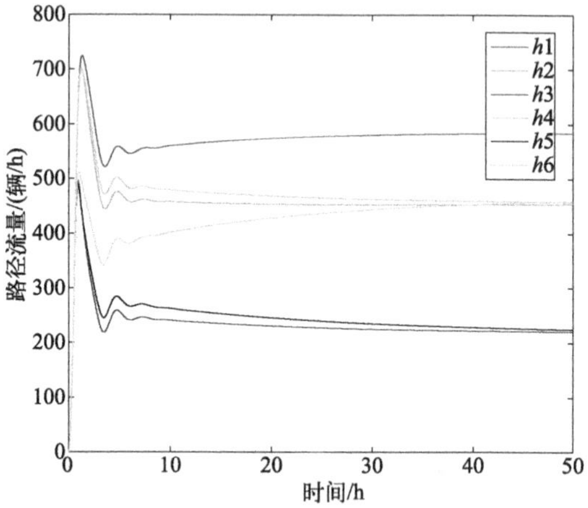


图 3.3 动态调节过程局部图 1

**表 3.4 固定需求均衡网络路径流量及时间**

| 路径编号 | 包含路段 | 路径流量/(辆/h) | 路径时间/h |
|---|---|---|---|
| 1 | 1、2、9、12 | 583 | 115.05 |
| 2 | 1、4、8、12 | 457 | 115.05 |
| 3 | 1、6、8、11 | 219 | 115.05 |
| 4 | 3、4、7、12 | 455 | 115.05 |
| 5 | 3、6、7、11 | 217 | 115.05 |
| 6 | 5、6、7、10 | 469 | 115.05 |

### 3.4.2 单一数量调节

单一数量调节下，$f_1$、$f_2$、$f_3$、$f_4$、$f_5$、$f_6$ 的路径流演化过程如图 3.4 和图 3.5 所示，稳定后各路径流和剩余容量如表 3.5 所示。结合图 3.4 和表 3.5 可知，在单一数量调节时，路网交通流经过一定时间的波动后，最终达到的稳定状态为数量调节用户均衡状态，此时不同路径的剩余容量相等且等于最大剩余容量。

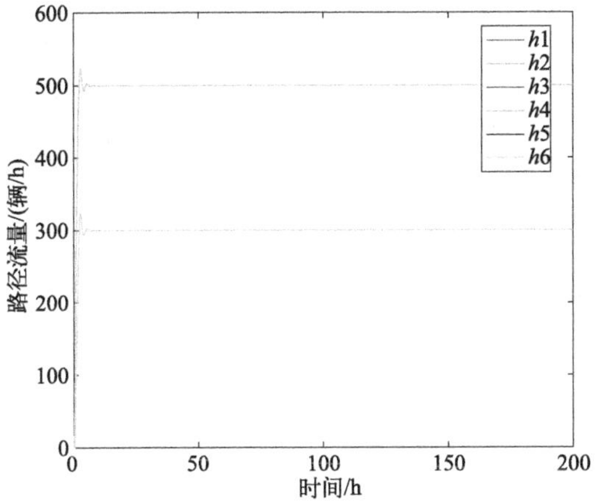


图 3.4 动态调节过程图 2

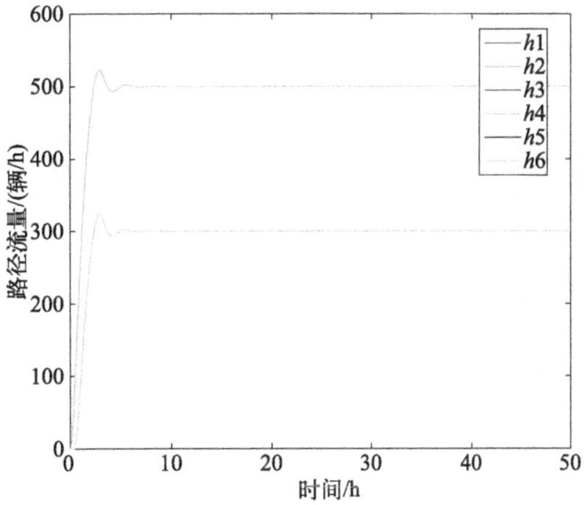


图 3.5 动态调节过程局部图 2

**表 3.5 固定需求均衡网络路径流量及剩余容量**

| 路径编号 | 包含路段 | 路径流量/(辆/h) | 剩余容量/(辆/h) |
|---|---|---|---|
| 1 | 1、2、9、12 | 500 | 100 |
| 2 | 1、4、8、12 | 500 | 100 |
| 3 | 1、6、8、11 | 300 | 100 |
| 4 | 3、4、7、12 | 500 | 100 |
| 5 | 3、6、7、11 | 300 | 100 |
| 6 | 5、6、7、10 | 300 | 100 |

### 3.4.3 价格-数量混合调节

价格-数量混合调节情况下，假设路网出行者的路径选择决策受路径出行时间的影响比例 $\lambda_1=10\%$、受路径剩余容量的影响比例 $\lambda_2=90\%$，此时路网混合调节交通流 $f_1$、$f_2$、$f_3$、$f_4$、$f_5$、$f_6$ 的演化过程如图 3.6 和图 3.7 所示，表 3.6 给出了混合均衡状态下路网所有路径的流量、出行时间以及剩余容量。结合图 3.6 和表 3.6 可得，在经过一定时间的波动后，所有路径流量最终均会维持在一个稳定的状态，这一稳定状态则对应了价格-数量调节用户均衡状态。

**表 3.6 固定需求均衡网络路径流量、出行时间及剩余容量**

| 路径编号 | 路径流量/(辆/h) | 路径出行时间/h | 剩余容量/(辆/h) |
|---|---|---|---|
| 1 | 500 | 117.05 | 99.98 |
| 2 | 500 | 122.50 | 100.58 |
| 3 | 299 | 122.71 | 100.61 |
| 4 | 500 | 115.99 | 99.86 |
| 5 | 300 | 116.20 | 99.88 |
| 6 | 301 | 109.05 | 99.09 |

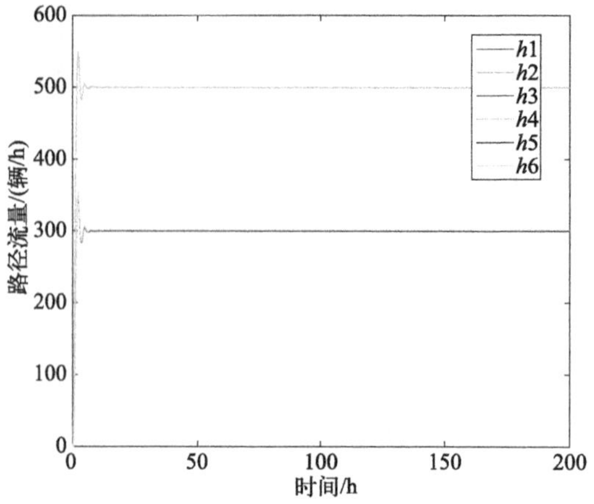


图 3.6　动态调节过程图 3

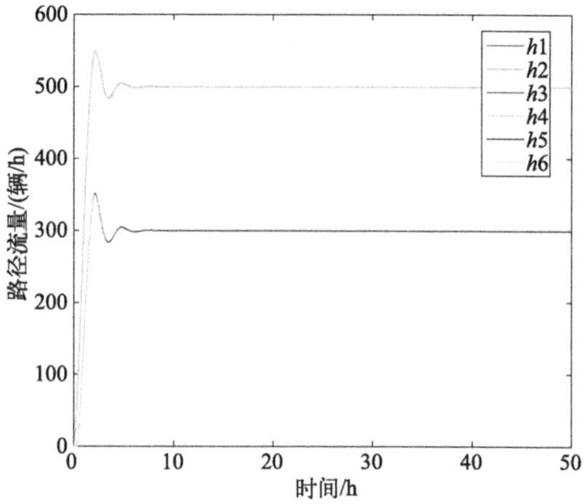


图 3.7　动态调节过程局部图 3

### 3.4.4 结果分析

模型的演算结果表明如下：

① 价格调节、数量调节和混合调节模型都能比较准确地刻画出路网交通流的演化过程。

② 仅考虑数量因素的交通流演化明显比仅考虑价格因素的收敛得快，且整体演化过程较为平整，波动幅度较小。综合考虑价格-数量因素进行调节的交通流演化过程、波动幅度和收敛速度都处于两类单一调节演化过程中间。

③ 在引入数量调节后，出行者会对舒适性产生一定要求，因此路网交通流会转移至路径剩余容量较大的路径；而在引入价格调节后，出行者会对快捷性产生一定要求，因此路网交通流会向路径出行时间较小的路径转移。

# 第 4 章 城市路网多用户类群体交通流均衡调节

交通流的均衡状态和演化过程一直以来是学者们研究的重点，路径选择行为是交通流形成的基础，为加深对出行者出行选择行为决策机制的了解，学者们针对交通流动态演化问题开展了大量研究。Yang 等总结了模拟交通流演化过程中出行者路径选择行为的方法[102]。已有许多学者分别运用比例转换调整过程[148-150]、网络摸索过程[151]、投影动态系统[152]、单重力流动态[153] 和演化博弈理论[154] 五种方法对出行选择行为展开研究，其区别在于其建立的演化模型收敛速度以及均衡状态稳定性差异。

① 比例转换调整过程：

$$\dot{f}_w^l = \sum_{k \in R_w} (f_w^k [c_w^k(f) - c_w^l(f)]_+ - f_w^l [c_w^l(f) - c_w^k(f)]_+), \forall l \in R_w, w \in W \tag{4.1}$$

其中：

$$[c_w^k(f) - c_w^l(f)]_+ = \max\{0, c_w^k(f) - c_w^l(f)\} \tag{4.2}$$

式中，OD 对 $w$ 间路径 $l$ 的流量用 $f_w^l$ 表示；$\dot{f}_w^l$ 表示路径流 $f_w^l$ 对时间的导数；$l$ 与 $k$ 表示特定路径索引；$c_w^l$ 表示 OD 对 $w$ 之间路径 $l$ 的出行时间；$W$ 表示路网中 OD 对的集合；$w$ 表示 OD 对索引；$R_w$ 表示 OD 对 $w$ 之间的路径集合。

② 网络摸索过程：

$$\dot{f} = \frac{\mathrm{d}f}{\mathrm{d}t} = \delta[P_K(f - \beta c(f)) - f] \tag{4.3}$$

式中，$f$ 表示路径流量；$\dot{f}$ 表示路径流量 $f$ 对时间的导数；$P_K$ 表示路径流量在已知路径方向的投影；$\delta$ 与 $\beta$ 为特定系数。

③ 投影动态系统：

$$\dot{f} = \underset{K}{C}(f, -c(f)) = \lim_{\varepsilon \to 0} \frac{P_K(f - \varepsilon c(f)) - f}{\varepsilon} \tag{4.4}$$

其中：

$$P_K(x) = \underset{z \in R}{\operatorname{argmin}} \| x - z \| \tag{4.5}$$

式中，$C$ 表示影算子；$K$ 表示网络可行路径流集合；$\operatorname{argmin} f(x)$ 表示使得函数 $f$

($x$) 取得其最小值的所有自变量 $x$ 的集合。

④ 单重力流动态：

$$\dot{f}=\Delta(f)=\frac{\sum_{w}\sum_{r}[-c(f)^{T}(G_{w}^{r}-f)]_{+}(G_{w}^{r}-f)}{\sum_{w}\sum_{r}[-c(f)^{\mathrm{T}}(G_{w}^{r}-f)]_{+}} \tag{4.6}$$

式中，$f$ 表示路径流向量；$w$ 表示 OD 对索引；$r$ 表示路径索引；$c(f)$ 表示路径出行时间向量；$G_{w}^{r}=[f_{1}, f_{2}, \cdots, f_{w-1}, Q_{w}^{r}, f_{w+1}, \cdots, f_{n}]$，其中 $Q_{w}^{r}=[1,1,\cdots,d_{w},0,0,\cdots,0]^{\mathrm{T}}$，$d^{w}$ 表示 OD 对 $w$ 之间的交通需求，$[-c(f)^{\mathrm{T}}(G_{w}^{r}-f)]_{+}=\max\{0,-c(f)^{\mathrm{T}}(G_{w}^{r}-f)\}$。

⑤ 演化博弈理论：

$$\dot{f}_{w}^{r}=d_{w}[\hat{C}_{w}^{r}]_{+}-f_{w}^{r}\sum_{r\in R_{w}}[\hat{C}_{w}^{r}]_{+} \tag{4.7}$$

其中：

$$[\hat{C}_{w}^{r}(f)]_{+}=\max\{0,-C_{w}^{r}(f)+\overline{C}_{w}(f)\} \tag{4.8}$$

$$\overline{C}_{w}(f)=\frac{1}{d_{w}}C_{w}(f)^{T}f_{w} \tag{4.9}$$

式中，$[\hat{C}_{w}^{r}]_{+}$ 表示 OD 对 $w$ 间第 $r$ 条路径的加权平均费用。

在第 3 章价格调节用户均衡和数量调节用户均衡的基础上，为更加全面地研究非均衡理论价格-数量调节行为原理下的不同路径选择行为，刻画多种调节准则并存下的交通流相互作用及演化过程，本章考虑路网出行者中一部分遵循价格调节路径选择行为准则，基于路径实际出行时间最小化目标进行路径选择行为决策；另一部分出行者遵循数量调节路径选择行为准则，根据出行路径舒适性程度选择剩余容量最大的路径出行，两类出行者相互作用达到价格-数量混合用户均衡状态。进一步采用比例转换调整过程法建立了相应的混合交通流比例调整演化模型，其中第一类出行者路网调整路径流与路径间出行时间差成比例，第二类出行者路网调整路径流与路径间剩余容量差成比例，刻画出行者分别根据出行路径费用和出行路径剩余容量调整路径决策的出行行为和混合交通流演变过程，并通过数值模拟对所建立的混合均衡比例调整模型进行了论证分析，同时讨论了路径流比例调整率对均衡交通流演化轨迹的影响，丰富了已有的交通混合均衡演化研究，更全面地反映路网交通流及其均衡状态的调整机制。

## 4.1 多用户类的混合调节用户均衡

将非均衡理论阐述的价格-数量双重约束同时应用于路网出行者路径选择行为中，即路网存在部分出行者以出行价格最小为目标，这类出行者的路径决策行为所形成的交通流最终稳定在价格调节用户均衡，即 Wardrop 用户均衡，另一部分出行者以出行舒适性最大为目标，这类出行者的路径决策行为所形成的交通流最终稳定在数量调节用户均衡。两类出行者在路网中共同存在，不同的路径选择决策行为共同作用、相互影响，最终形成一种混合调节用户均衡状态，对应的交通流动态调整行为即为混合调节交通流演化过程。

假设 OD 对 $w$ 间遵循价格调节用户均衡准则的第一类出行者的交通需求为 $d_w$，遵循数量调节用户均衡准则的第二类出行者的交通需求为 $\hat{d}_w$，两类需求在路径 $r \in R_w$ 上形成的路径流分别为 $f_w^r$ 和 $\hat{f}_w^r$，路径流的集合可分别表示为

$$\begin{cases} \boldsymbol{f}=(f_w^r : w \in W, r \in R_w) \\ \hat{\boldsymbol{f}}=(\hat{f}_w^r : w \in W, r \in R_w) \end{cases} \tag{4.10}$$

分别满足流量守恒约束：

$$\sum_{r \in R_w} f_w^r = d_w, \sum_{r \in R_w} \hat{f}_w^r = \hat{d}_w \tag{4.11}$$

此时路段 $a \in A$ 上的流量为两类出行者路径选择行为的结果，可由下式求得：

$$x_a = \sum_{w \in W} \sum_{r \in R_w} \delta_w^{ra} (f_w^r + \hat{f}_w^r) \tag{4.12}$$

第一类出行者遵循的价格调节用户均衡条件可表示为：

$$\begin{cases} \sum_{a \in A} \delta_w^{ra} (t_a(x_a)) = \mu_w, \text{if } f_w^r > 0 \\ \sum_{a \in A} \delta_w^{ra} (t_a(x_a)) \geqslant \mu_w, \text{if } f_w^r = 0 \end{cases} \tag{4.13}$$

第二类出行者遵循的数量调节均衡条件可表示为：

$$\begin{cases} s_w^r(\hat{f}) \leqslant v_w, \text{if } \hat{f}_w^r = 0 \\ s_w^r(\hat{f}) = v_w, \text{if } \hat{f}_w^r > 0 \end{cases} \tag{4.14}$$

## 4.2　多用户类的混合调节交通流演化模型

令第一类出行者第 $n$ 天 OD 对 $w$ 间路径 $l$ 的调整路径流 $\dot{f}_w^l(n) = y_w^l(n)$，假设第一类出行者的调整路径流与两条路径的路径出行时间之差成正比，当 OD 对 $w$ 间路径 $k$ 的路径出行时间 $c_w^k$ 大于路径 $l$ 的路径出行时间 $c_w^l$ 时，由路径 $k$ 转移至路径 $l$ 的调整路径流 $y_w^{k \to l}(n)$为正；当 OD 对 $w$ 间路径 $k$ 的路径出行时间 $c_w^k$ 小于路径 $l$ 的路径出行时间 $c_w^l$ 时，由路径 $k$ 转移至路径 $l$ 的调整路径流 $y_w^{k \to l}(n)$为负；当 OD 对 $w$ 间路径 $k$ 的路径出行时间 $c_w^k$ 等于路径 $l$ 的路径出行时间 $c_w^l$ 时则不转移。即第一类出行者第 $n$ 天在路径 $l$ 的调整路径流为：

$$y_w^l(n) = \sum_{k \neq l} y_w^{k \to l}(n) = \sum_{k \neq l} \rho \varphi_w^{k \to l}(c, f(n)), k, l \in R_w; w \in W \tag{4.15}$$

$$\varphi_w^{k \to l}(c, f(n)) = \begin{cases} \dfrac{(c_k - c_l)}{c_k} \cdot f_w^k(n), \text{if } c_k \geqslant c_l \\ \dfrac{(c_k - c_l)}{c_l} \cdot f_w^l(n), \text{if } c_k < c_l \end{cases} \tag{4.16}$$

式中，$\rho(0<\rho<1)$为路径流比例调整率。

令第二类出行者第 $n$ 天 OD 对 $w$ 间路径 $l$ 的调整路径流 $\hat{f}_w^l(n) = \hat{y}_w^l(n)$，假设第二

类出行者的调整路径流与两条路径的路径剩余容量之差成正比，当 OD 对 $w$ 间路径 $k$ 的路径剩余容量 $s_w^k$ 大于路径 $l$ 的路径剩余容量 $s_w^l$ 时，由路径 $k$ 转移至路径 $l$ 的调整路径流 $\hat{y}_w^{k\to l}(n)$ 为负；当 OD 对 $w$ 间路径 $k$ 的路径剩余容量 $s_w^k$ 小于路径 $l$ 的路径剩余容量 $s_w^l$ 时，由路径 $k$ 转移至路径 $l$ 的调整路径流 $\hat{y}_w^{k\to l}(n)$ 为正；当 OD 对 $w$ 间路径 $k$ 的路径剩余容量 $s_w^k$ 等于路径 $l$ 的路径剩余容量 $s_w^l$ 时则不转移。即第二类出行者第 $n$ 天在路径 $l$ 的调整路径流为：

$$\hat{y}_w^l(n)=\sum_{k\neq l}\hat{y}_w^{k\to l}(n)=\sum_{k\neq l}\rho\varphi_w^{k\to l}(s,\hat{f}(n)),k,l\in R_w;w\in W \tag{4.17}$$

$$\phi_w^{k\to l}(s,\hat{f}(n))=\begin{cases}\dfrac{(s_l-s_k)}{s_l}\cdot\hat{f}_w^l(n),\text{if}\quad s_k\geqslant s_l\\[2ex]\dfrac{(s_l-s_k)}{s_k}\cdot\hat{f}_w^k(n),\text{if}\quad s_k<s_l\end{cases} \tag{4.18}$$

结合式(4.15)～式(4.18) 可知第 $n$ 天 OD 对 $w$ 间路径 $l$ 的调整路径流为：

$$\begin{cases}y_w^l(n)=\sum\limits_{k\neq l}\rho\varphi_w^{k\to l}(c,f(n))\\[2ex]\hat{y}_w^l(n)=\sum\limits_{k\neq l}\rho\phi_w^{k\to l}(s,\hat{f}(n)),\rho>0;k,l\in R_w;w\in W\end{cases} \tag{4.19}$$

由式(4.15) 和式(4.16) 可知第 $n$ 天 OD 对 $w$ 间第一类出行者的流量调整总和为：

$$\begin{aligned}y_w(n)&=\sum_{r\in R_w}y_w^r(n)\\&=\sum_{k,l\in R_w\cap k\neq l}(y_w^k(n)+y_w^l(n))\\&=\sum_{k,l\in R_w\cap k\neq l}(\rho\varphi_w^{l\to k}(c,f(n))+\rho\varphi_w^{k\to l}(c,f(n)))\\&=\begin{cases}\sum\limits_{k,l\in R_w\cap k\neq l}\left(\rho\dfrac{(c_l-c_k)}{c_k}\cdot f_w^k(n)+\rho\dfrac{(c_k-c_l)}{c_k}\cdot f_w^k(n)\right)=0,\text{if}\quad c_k\geqslant c_l\\[2ex]\sum\limits_{k,l\in R_w\cap k\neq l}\left(\rho\dfrac{(c_l-c_k)}{c_l}\cdot f_w^l(n)+\rho\dfrac{(c_k-c_l)}{c_l}\cdot f_w^l(n)\right)=0,\text{if}\quad c_k<c_l\end{cases}\end{aligned} \tag{4.20}$$

由 $\sum\limits_{r\in R_w}y_w^r(n)=0$ 可知 $\sum\limits_{r\in R_w}f_w^r(n)$ 为常数，而 $\sum\limits_{r\in R_w}f_w^r(0)=d_w$，故有 $\sum\limits_{r\in R_w}f_w^r(n)=d_w$，满足流量守恒约束。

同理由式(4.17) 和式(4.18) 可得 $n$ 天 OD 对 $w$ 间第二类出行者的流量调整总和为：

$$\begin{aligned}\hat{y}_w(n)&=\sum_{r\in R_w}\hat{y}_w^r(n)\\&=\sum_{k,l\in R_w\cap k\neq l}(\hat{y}_w^k(n)+\hat{y}_w^l(n))\\&=\sum_{k,l\in R_w\cap k\neq l}(\rho\phi_w^{l\to k}(s,\hat{f}(n))+\rho\phi_w^{k\to l}(s,\hat{f}(n)))\end{aligned}$$

$$=\begin{cases}\sum\limits_{k,l\in R_w\cap k\neq l}\left(\rho\dfrac{(s_k-s_l)}{s_l}\cdot\hat{f}_w^l(n)+\rho\dfrac{(s_l-s_k)}{s_l}\cdot\hat{f}_w^l(n)\right)=0,\text{if}\quad s_k\geqslant s_l\\ \sum\limits_{k,l\in R_w\cap k\neq l}\left(\rho\dfrac{(s_k-s_l)}{s_k}\cdot\hat{f}_w^k(n)+\rho\dfrac{(s_l-s_k)}{s_k}\cdot\hat{f}_w^k(n)\right)=0,\text{if}\quad s_k<s_l\end{cases}\tag{4.21}$$

同理可得 $\sum\limits_{r\in R_w}\hat{f}_w^r(n)=\sum\limits_{r\in R_w}\hat{f}_w^r(0)=\hat{d}_w$，满足流量守恒约束。

综上可得路网调整交通流集合为：

$$\begin{cases}\boldsymbol{y}(n)=\sum\rho\cdot\boldsymbol{\Psi}(\boldsymbol{c},\boldsymbol{f}(n))\\ \hat{\boldsymbol{y}}(n)=\sum\rho\cdot\boldsymbol{\Phi}(\boldsymbol{s},\hat{\boldsymbol{f}}(n))\end{cases}\tag{4.22}$$

其中：

$$\boldsymbol{\Psi}(\boldsymbol{c},\boldsymbol{f}(n))=\begin{bmatrix}\boldsymbol{\Psi}_1(\boldsymbol{c},\boldsymbol{f}(n)) & 0 & \cdot & \cdot & 0\\ 0 & \boldsymbol{\Psi}_2(\boldsymbol{c},\boldsymbol{f}(n)) & 0 & & \cdot\\ \cdot & 0 & \cdot & 0 & \cdot\\ \cdot & & 0 & \boldsymbol{\Psi}_w(\boldsymbol{c},\boldsymbol{f}(n)) & 0\\ 0 & \cdot & \cdot & 0 & \cdot\end{bmatrix},$$

$$\boldsymbol{\Phi}(\boldsymbol{s},\hat{\boldsymbol{f}}(n))=\begin{bmatrix}\boldsymbol{\Phi}_1(\boldsymbol{s},\hat{\boldsymbol{f}}(n)) & 0 & \cdot & \cdot & 0\\ 0 & \boldsymbol{\Phi}_2(\boldsymbol{s},\hat{\boldsymbol{f}}(n)) & 0 & & \cdot\\ \cdot & 0 & \cdot & 0 & \cdot\\ \cdot & & 0 & \boldsymbol{\Phi}_w(\boldsymbol{s},\hat{\boldsymbol{f}}(n)) & 0\\ 0 & \cdot & \cdot & 0 & \cdot\end{bmatrix},$$

$$\boldsymbol{\Psi}_w(\boldsymbol{c},\boldsymbol{f}(n))=\begin{bmatrix}0 & \varphi_w^{2\to1}(c,f(n)) & \cdot & \varphi_w^{i\to1}(c,f(n)) & \cdot\\ \varphi_w^{1\to2}(c,f(n)) & 0 & \cdot & \cdot & \cdot\\ \cdot & \cdot & 0 & \cdot & \cdot\\ \varphi_w^{1\to i}(c,f(n)) & \cdot & \cdot & 0 & \cdot\\ \cdot & \cdot & \cdot & \cdot & 0\end{bmatrix},$$

$$\boldsymbol{\Phi}_w(\boldsymbol{s},\hat{\boldsymbol{f}}(n))=\begin{bmatrix}0 & \phi_w^{2\to1}(s,\hat{f}(n)) & \cdot & \phi_w^{i\to1}(s,\hat{f}(n)) & \cdot\\ \phi_w^{1\to2}(s,\hat{f}(n)) & 0 & \cdot & \cdot & \cdot\\ \cdot & \cdot & 0 & \cdot & \cdot\\ \phi_w^{1\to i}(s,\hat{f}(n)) & \cdot & \cdot & 0 & \cdot\\ \cdot & \cdot & \cdot & \cdot & 0\end{bmatrix}。$$

第一类出行者第 $n+1$ 天在路径 $l$ 的路径流 $f_w^l(n+1)$ 为：

$$f_w^l(n+1)=f_w^l(n)+\sum_{k\neq l}\rho\varphi_w^{k\to l}(c,f(n)) \tag{4.23a}$$

第二类出行者 $n+1$ 天在路径 $l$ 的路径流 $\hat{f}_w^l(n+1)$ 为：

$$\hat{f}_w^l(n+1)=\hat{f}_w^l(n)+\sum_{k\neq l}\rho\phi_w^{k\to l}(s,\hat{f}(n)) \tag{4.23b}$$

由于路径流不能为负，将上式修改为：

$$f_w^l(n+1)=\left\{f_w^l(n)+\sum_{k\neq l}\rho\varphi_w^{k\to l}(c,f(n)\right\}_+ \tag{4.24a}$$

$$\hat{f}_w^l(n+1)=\left\{\hat{f}_w^l(n)+\sum_{k\neq l}\rho\phi_w^{k\to l}(s,\hat{f}(n))\right\}_+ \tag{4.24b}$$

式中，$\{z\}_+=\max(0,z)$。

结合式(4.22) 和式(4.24)，给定初始条件 $\boldsymbol{f}(n=0)=\boldsymbol{f}^0$ 以及 $\hat{\boldsymbol{f}}(n=0)=\hat{\boldsymbol{f}}^0$，可得混合调节交通流演化模型为($n\in[0,N]$)[155]：

$$\begin{cases}\boldsymbol{f}(n+1)=\{\boldsymbol{f}(n)+\boldsymbol{y}(n)\}_+\\ \hat{\boldsymbol{f}}(n+1)=\{\hat{\boldsymbol{f}}(n)+\hat{\boldsymbol{y}}(n)\}_+\\ \boldsymbol{f}(0)=\boldsymbol{f}^{(0)}\\ \hat{\boldsymbol{f}}(0)=\hat{\boldsymbol{f}}^{(0)}\end{cases} \tag{4.25}$$

## 4.3 模型特性分析

### 4.3.1 模型稳定状态与均衡的等价性

当混合调节交通流演化模型达到稳定状态（$\boldsymbol{f}^*$，$\hat{\boldsymbol{f}}^*$）时，有：

$$\begin{cases}\boldsymbol{f}^*(n+1)=\boldsymbol{f}^*(n)\\ \hat{\boldsymbol{f}}^*(n+1)=\hat{\boldsymbol{f}}^*(n)\end{cases} \tag{4.26}$$

则有：

$$\begin{cases}\boldsymbol{y}^*(n)=\sum\rho\Psi(\boldsymbol{c},\boldsymbol{f}^*(n))=0\\ \hat{\boldsymbol{y}}^*(n)=\sum\rho\Phi(\boldsymbol{s},\hat{\boldsymbol{f}}^*(n))=0\end{cases} \tag{4.27}$$

分别表示达到均衡状态时两类出行者的调整交通流为 0。

假设均衡状态时 OD 对 $w$ 间路径 $l$ 为最短路，有：

$$c_w^k\geqslant c_w^l=u_w>0,k\neq l\in R_w \tag{4.28}$$

则有：

$$y_w^{l*}=\sum_{k\neq l}\rho\varphi_w^{k\to l}(c,f(n))=\sum_{k\neq l}\rho\frac{(c_k-c_l)}{c_k}\cdot f_w^k(n)=0 \tag{4.29}$$

而路径流非负，即 $f_w^k(n)\geqslant 0,k\in R_w,w\in W$，则结合式(4.28)和式(4.29)可得：

$$\begin{cases}f_w^k>0,c_w^k=c_w^l=u_w\\ f_w^k=0,c_w^k>c_w^l=u_w\end{cases},k,l\in R_w,w\in W \tag{4.30}$$

同理，假设均衡状态时 OD 对 $w$ 间路径 $l$ 为最大剩余容量路径，有

$$s_w^l = v_w \geqslant s_w^k \geqslant 0, k \neq l \in R_w \tag{4.31}$$

则有

$$\hat{y}_w^{l*} = \sum_{k \neq l} \rho \varphi_w^{k \to l}(s, \hat{f}(n)) = \sum_{k \neq l} \rho \frac{(s_l - s_k)}{s_k} \cdot \hat{f}_w^k(n) = 0 \tag{4.32}$$

而路径流非负，即 $\hat{f}_w^k \geqslant 0, k \in R_w, w \in W$，则结合式(4.32)和式(4.33)可得：

$$\begin{cases} \hat{f}_w^k > 0, s_w^k = s_w^l = v_w \\ \hat{f}_w^k = 0, s_w^k \leqslant s_w^l = v_w \end{cases}, k, l \in R_w, w \in W \tag{4.33}$$

综上可知，演化模型稳定状态与混合均衡等价，即价格-数量混合调节下的多用户类混合交通流比例调整演化过程最终收敛于价格-数量混合调节用户均衡状态。

### 4.3.2　模型解的唯一性

混合调节交通流演化模型式(4.25) 等价于下列变分不等式：

$$F(\boldsymbol{f}^*, \hat{\boldsymbol{f}}^*)^{\mathrm{T}} \cdot \begin{pmatrix} \boldsymbol{f} - \boldsymbol{f}^* \\ \hat{\boldsymbol{f}} - \hat{\boldsymbol{f}}^* \end{pmatrix}$$

$$= \sum(\sum \rho \cdot \Psi(\boldsymbol{c}, \boldsymbol{f}^*)) \cdot (f - f^*) + \sum(\sum \rho \cdot \Phi(\boldsymbol{s}, \hat{\boldsymbol{f}}^*)) \cdot (\hat{\boldsymbol{f}} - \hat{\boldsymbol{f}}^*) \geqslant 0 \tag{4.34}$$

显然，函数 $F(\boldsymbol{f}, \hat{\boldsymbol{f}})$关于$(\boldsymbol{f}, \hat{\boldsymbol{f}})$严格单调，则模型有唯一解。

证明：假设$(\boldsymbol{f}', \hat{\boldsymbol{f}}') \neq (\boldsymbol{f}^*, \hat{\boldsymbol{f}}^*)$，且$(\boldsymbol{f}', \hat{\boldsymbol{f}}')$和$(\boldsymbol{f}^*, \hat{\boldsymbol{f}}^*)$均为模型解，则有

$$\sum(\sum \rho \cdot \Psi(\boldsymbol{c}, \boldsymbol{f}')) \cdot (\boldsymbol{f} - \boldsymbol{f}') + \sum(\sum \rho \cdot \Phi(\boldsymbol{s}, \hat{\boldsymbol{f}}')) \cdot (\hat{\boldsymbol{f}} - \hat{\boldsymbol{f}}') \geqslant 0 \tag{4.35}$$

$$\sum(\sum \rho \cdot \Psi(\boldsymbol{c}, \boldsymbol{f}^*)) \cdot (\boldsymbol{f} - \boldsymbol{f}^*) + \sum(\sum \rho \cdot \Phi(\boldsymbol{s}, \hat{\boldsymbol{f}}^*)) \cdot (\hat{\boldsymbol{f}} - \hat{\boldsymbol{f}}^*) \geqslant 0 \tag{4.36}$$

令式(4.35) 中$(\boldsymbol{f}, \hat{\boldsymbol{f}}) = (\boldsymbol{f}^*, \hat{\boldsymbol{f}}^*)$，式(4.37)中$(\boldsymbol{f}, \hat{\boldsymbol{f}}) = (\boldsymbol{f}', \hat{\boldsymbol{f}}')$，结合可得

$$\begin{bmatrix} \sum[(\sum \rho \cdot \Psi(\boldsymbol{c}, \boldsymbol{f}')) - (\sum \rho \cdot \Psi(\boldsymbol{c}, \boldsymbol{f}^*))]^{\mathrm{T}} \\ \sum[(\sum \rho \cdot \Phi(\boldsymbol{s}, \hat{\boldsymbol{f}}')) - (\sum \rho \cdot \Phi(\boldsymbol{s}, \hat{\boldsymbol{f}}^*))]^{\mathrm{T}} \end{bmatrix}^{\mathrm{T}} \cdot \begin{pmatrix} \boldsymbol{f}^* - \boldsymbol{f}' \\ \hat{\boldsymbol{f}}^* - \hat{\boldsymbol{f}}' \end{pmatrix} \geqslant 0 \tag{4.37}$$

式(4.37) 与单调性定义相悖，因此$(\boldsymbol{f}', \hat{\boldsymbol{f}}') = (\boldsymbol{f}^*, \hat{\boldsymbol{f}}^*)$，故模型解唯一。

### 4.3.3　模型解的稳定性

令第一类出行者的 Lyapunov 函数[156] 为

$$V(f(n)) = \int_0^{x(n)} t(\eta) \mathrm{d}\eta \tag{4.38}$$

对应用户均衡分配目标函数，由式(4.12) 可知 $x(n)$ 是 $f(n)$ 的线性变换，即 $\|f(n)\| \to \infty, \|x(n)\| \to \infty$，且 $t(x(n))$关于 $x(n)$单调递增。由此可知 $f(n) \to \infty$，$\int_0^{x(n)} t(\eta) \mathrm{d}\eta \to \infty$，$\lim_{\|f(n)\| \to \infty} V(f(n)) = \infty$，即 $V(f(n))$为具有连续一阶偏导数的正定径向

无界函数。式(4.38) 可化为

$$V(f(n))=\int_{0}^{x(n)}t(\eta)\mathrm{d}\eta=\int_{n^0}^{n'}t(\eta)\frac{\mathrm{d}\eta}{\mathrm{d}n}\mathrm{d}n$$
$$=\int_{n^0}^{n'}t(\eta)\frac{\mathrm{d}\eta}{\mathrm{d}f}\frac{\mathrm{d}f}{\mathrm{d}n}\mathrm{d}n \tag{4.39}$$

式中，$n^0$ 是对应动态模型初始状态 $f(0)$ 的初始时间；$n'$是对应动态模型状态 $f(n)$ 的时间。

对第一类出行者的 Lyapunov 函数求导得：

$$\dot{V}(f(n))=\frac{\mathrm{d}V}{\mathrm{d}n}(f(n))=\frac{\mathrm{d}\left(\int_{n^0}^{n'}t(\eta)\frac{\mathrm{d}\eta}{\mathrm{d}f}\frac{\mathrm{d}f}{\mathrm{d}n}\mathrm{d}n\right)}{\mathrm{d}t} \tag{4.40}$$

式中，$\frac{\mathrm{d}\eta}{\mathrm{d}f}=\frac{\mathrm{d}x}{\mathrm{d}f}=\frac{\mathrm{d}(\delta f)}{\mathrm{d}f}=\delta$，则 $t(\eta)\frac{\mathrm{d}\eta}{\mathrm{d}f}=t(\eta)\delta=c$，而$\frac{\mathrm{d}f}{\mathrm{d}n}=\dot{f}=y$，因此

$$\dot{V}(f(n))=\frac{\mathrm{d}\left(\int_{n^0}^{n'}t(\eta)\frac{\mathrm{d}\eta}{\mathrm{d}f}\frac{\mathrm{d}f}{\mathrm{d}n}\mathrm{d}n\right)}{\mathrm{d}t}=\boldsymbol{c}\cdot\boldsymbol{y}(n)=\boldsymbol{c}\cdot\sum\rho\boldsymbol{\Psi}(\boldsymbol{c},\boldsymbol{f}(n)) \tag{4.41}$$

由 4.1 节可知满足条件$\begin{cases}c_k>c^*, f_w^k=0\\ c_k=c^*, f_w^k>0\end{cases}$时系统达到均衡状态，当且仅当动态模型满足均衡条件时，$\dot{V}(f^*(n))=\boldsymbol{c}^*\cdot\sum\rho\boldsymbol{\Psi}^*(\boldsymbol{c},\boldsymbol{f}(n))=0$。由 $c>0$，$\rho>0$，$f(n)\geqslant 0$，而 $\boldsymbol{\Psi}(\boldsymbol{c},\boldsymbol{f}(n))$不恒为正，可知 $\dot{V}(f(n))$为非正定的。

令第二类出行者的 Lyapunov 函数为

$$W(\hat{f}(n))=\sum\hat{f}(n)\cdot(v-s) \tag{4.42}$$

显然 $\hat{f}(n)\uparrow, s\downarrow, (v-s)\uparrow$，由此可知 $\hat{f}(n)\to\infty, \sum\hat{f}(n)\cdot(v-s)\to\infty$，$\lim_{\|\hat{f}(n)\|\to\infty}W(\hat{f}(n))=\infty$，即 $W(\hat{f}(n))$为具有连续一阶偏导数的正定径向无界函数。

$$\dot{W}(\hat{f}(n))=\frac{\mathrm{d}W}{\mathrm{d}n}(\hat{f}(n))=\frac{\mathrm{d}W}{\mathrm{d}(\hat{f}(n))}(\hat{f}(n))\cdot\frac{\mathrm{d}(\hat{f}(n))}{\mathrm{d}n}$$
$$=\frac{\mathrm{d}W(\hat{f}(n))}{\mathrm{d}(\hat{f}(n))}\cdot\hat{y}(n) \tag{4.43}$$

式中，$\frac{\mathrm{d}W(\hat{f}(n))}{\mathrm{d}(\hat{f}(n))}=\left[\frac{\partial W(\hat{f}(n))}{\partial(\hat{f}_1(n))}\quad\frac{\partial W(\hat{f}(n))}{\partial(\hat{f}_2(n))}\quad\cdots\quad\frac{\partial W(\hat{f}(n))}{\partial(\hat{f}_r(n))}\right]=[-s_1\quad -s_2\quad\cdots\quad -s_r]=-\boldsymbol{s}$，

因此

$$\dot{W}(\hat{f}(n))=-\boldsymbol{s}\cdot\boldsymbol{y}(n)=-\boldsymbol{s}\cdot\sum\rho\boldsymbol{\Phi}(\boldsymbol{s},\hat{\boldsymbol{f}}(n)) \tag{4.44}$$

由 4.1 节可知满足条件$\begin{cases}s_k<s^*, \hat{f}_w^k=0\\ s_k=s^*, \hat{f}_w^k>0\end{cases}$时系统达到均衡状态，当且仅当动态模型满

足均衡条件时，$\dot{W}(\hat{f}^*(n))=-s^* \cdot \sum\rho\Phi^*(s,\hat{f}(n))=0$。由 $s\geqslant 0$，$\rho>0$，$\hat{f}(n)\geqslant 0$，而 $\Phi(s,\hat{f}(n))$不恒为正，可知 $\dot{W}(\hat{f}(n))$为非正定的。

综上所述，根据 Lyapunov 稳定性定理可知，动态模型具有稳定解，且收敛于混合均衡状态。

## 4.4 数例演算

### 4.4.1 小型测试网络

给定单一 OD 网络如图 4.1[115] 所示，路段-路径关联矩阵如表 4.1 所示。路段行驶时间函数采用 BPR 函数，给定函数参数如表 4.2。

给定 OD 需求 $D=240$，服从数量调节的出行者占比为 $\beta=50\%$，即第一类出行者 OD 需求 $d=120$，第二类出行者 OD 需求 $\hat{d}=120$。路径流比例调整率 $\rho=0.6$。

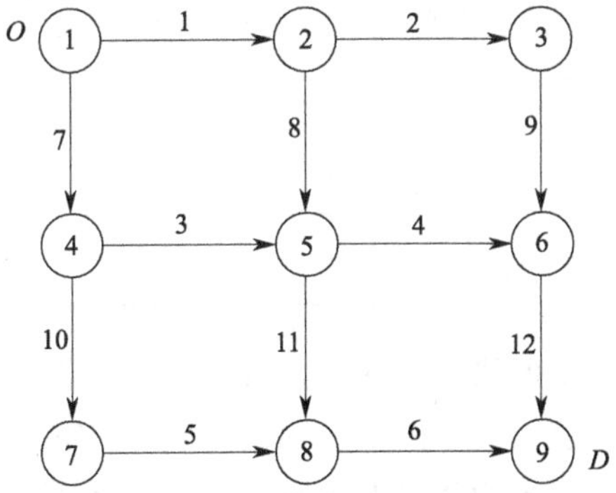


图 4.1　测试交通网络

**表 4.1　路段-路径关联矩阵**

$$\boldsymbol{\Delta}^{\mathrm{T}}=\begin{bmatrix}1&1&0&0&0&0&0&0&1&0&0&1\\1&0&0&1&0&0&0&1&0&0&0&1\\1&0&0&0&0&1&0&1&0&0&1&0\\0&0&1&1&0&0&1&0&0&0&0&1\\0&0&1&0&0&1&1&0&0&0&1&0\\0&0&0&0&1&1&1&0&0&1&0&0\end{bmatrix}$$

**表 4.2　路段行驶时间函数参数**

| 路段 | $t_a^0$/h | $c_a$/(辆/h) | 路段 | $t_a^0$/h | $c_a$/(辆/h) |
|---|---|---|---|---|---|
| 1 | 8 | 63 | 7 | 12 | 68 |
| 2 | 16 | 60 | 8 | 14 | 71 |
| 3 | 6 | 74 | 9 | 8 | 60 |
| 4 | 12 | 65 | 10 | 6 | 66 |
| 5 | 10 | 60 | 11 | 7 | 64 |
| 6 | 10 | 68 | 12 | 8 | 67 |

注：$t_a^0$ 表示路段自由行驶时间；$c_a$ 表示路段的实际通行能力。

图 4.2 为第一类出行者的路径流量及路径出行时间的演化过程图，表 4.3 为混合均衡状态下第一类出行者的均衡路径流量以及路径出行时间值，结合图 4.2 和表 4.3 可知第一类路径流在经过一段波动阶段后逐渐收敛于均衡状态，达到均衡状态时，所有路径流大于零的路径出行时间等于最小路径出行时间 71.30h，而其他出行时间大于 71.30h 的路径上流量均为零，服从用户均衡准则。

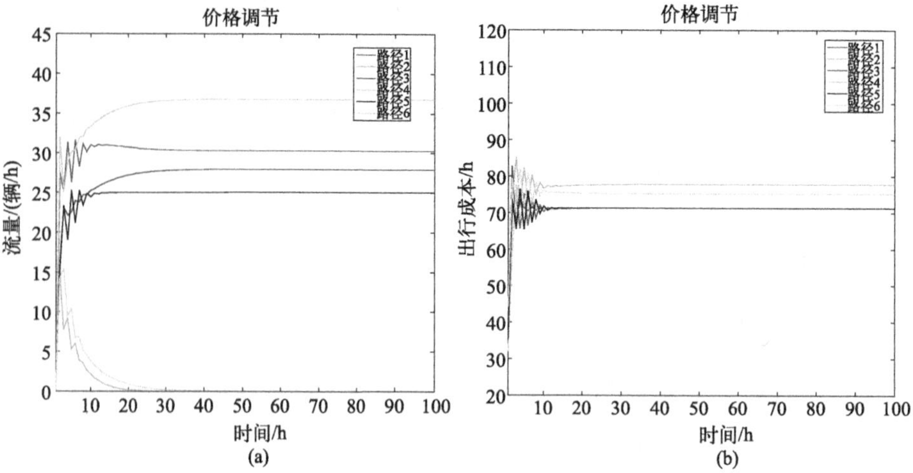


图 4.2　第一类出行者路径流量（a）及路径出行时间（b）演化图

**表 4.3　混合均衡状态下第一类出行者的均衡路径流量及路径出行时间**

| 路径编号 | 路段 | 路径流量/(辆/h) | 路径出行时间/h |
|---|---|---|---|
| 1 | 1、2、9、12 | 30.25 | 71.30 |
| 2 | 1、4、8、12 | 0.00 | 77.81 |
| 3 | 1、6、8、11 | 27.93 | 71.30 |
| 4 | 3、4、7、12 | 36.77 | 71.30 |
| 5 | 3、6、7、11 | 25.06 | 71.30 |
| 6 | 5、6、7、10 | 0.00 | 75.23 |

图 4.3 为第二类出行者的路径流量及路径剩余容量的演化过程图，表 4.4 为混合均衡状态下第二类出行者的均衡路径流量和路径剩余容量值，结合图 4.3 和表 4.4 可知第二类路径流在经过一段波动阶段后逐渐收敛于均衡状态，达到均衡状态时所有被使用路径的路径剩余容量相等，且等于最大路径剩余容量 42.50 辆/h，服从数量调节用户均衡准则。

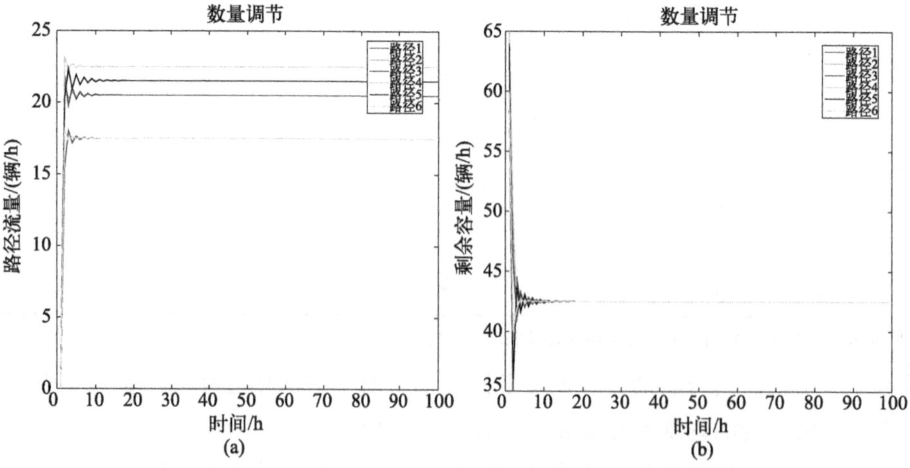


图 4.3　第二类出行者路径流量（a）及路径剩余容量（b）演化过程图

表 4.4　混合均衡状态下第二类出行者的均衡路径流量及路径剩余容量

| 路径编号 | 路段 | 路径流量/(辆/h) | 剩余容量/(辆/h) |
|---|---|---|---|
| 1 | 1、2、9、12 | 17.50 | 42.50 |
| 2 | 1、4、8、12 | 20.50 | 42.50 |
| 3 | 1、6、8、11 | 20.50 | 42.50 |
| 4 | 3、4、7、12 | 22.50 | 42.50 |
| 5 | 3、6、7、11 | 21.50 | 42.50 |
| 6 | 5、6、7、10 | 17.50 | 42.50 |

## 4.4.2　路径流比例调整率

给定路网其他参数，路径流比例调整率 $\rho$ 分别取值为 0.1、0.3、0.5，整个测试网络的价格调节路径流和数量调节路径流演化过程分别如图 4.4～图 4.6 所示。由图可知，在不同的路网初始交通流模式和路径流比例调整率下，路网最终的均衡交通流模式相同，进一步证实了文章所建立的混合均衡交通流演化模型均衡解的唯一性和稳定性。$\rho$ 表示每一时刻路网所有出行者中会根据实时路网信息调整当前路径选择决策的出行者比重，其中第一类出行者向路径出行时间更短的路径调整，第二类出行者向路径剩余容量更大的路径调整。对比图 4.4～图 4.6 可知，$\rho$ 值越大，代表每一时刻路网中根据实时出行信息调整自身路径选择决策的出行者越多，即路网所有出行者的路径选择行为所取得的总体效益越强，出行者向均衡状态调整的速度越快，则路网从非均衡状态达到均衡模式所需时间越短，路网交通流演化过程的收敛速度越快。

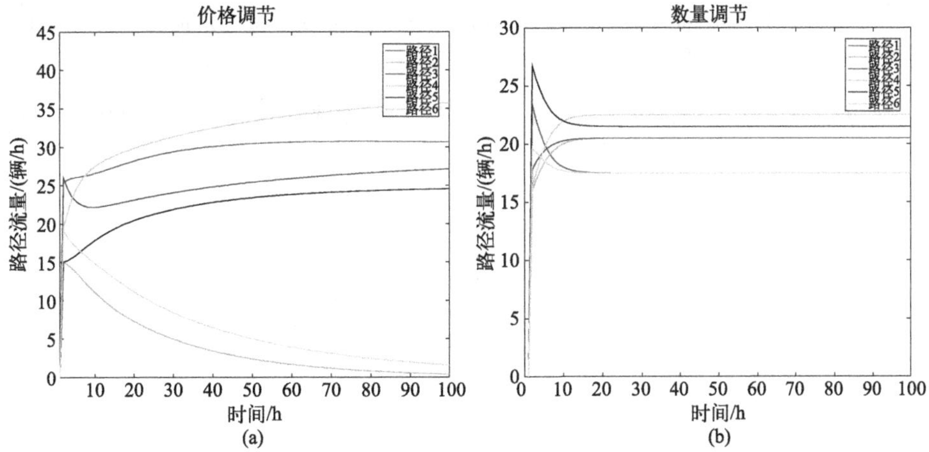


图 4.4　$\rho$=0.1 的第一类出行者（a）及第二类出行者（b）路径流量演化图

## 4.4.3　中型测试网络

给定多 OD 对测试网络[157]（图 4.7），路段行驶时间函数参数（表 4.5），以及路段-

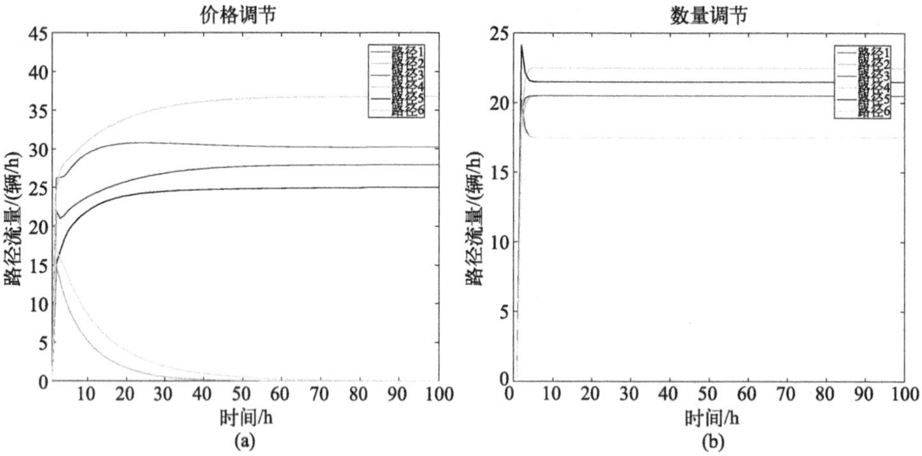


图 4.5　$\rho=0.3$ 的第一类出行者（a）及第二类出行者（b）路径流量演化图

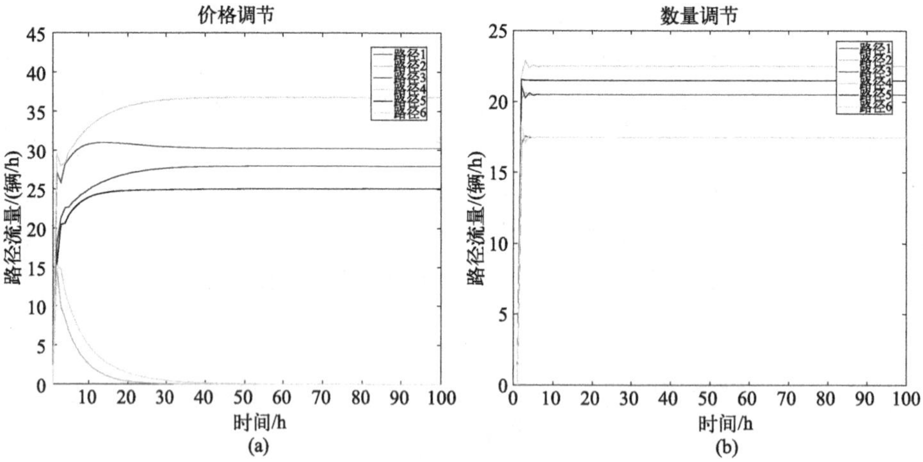


图 4.6　$\rho=0.5$ 的第一类出行者（a）及第二类出行者（b）路径流量演化图

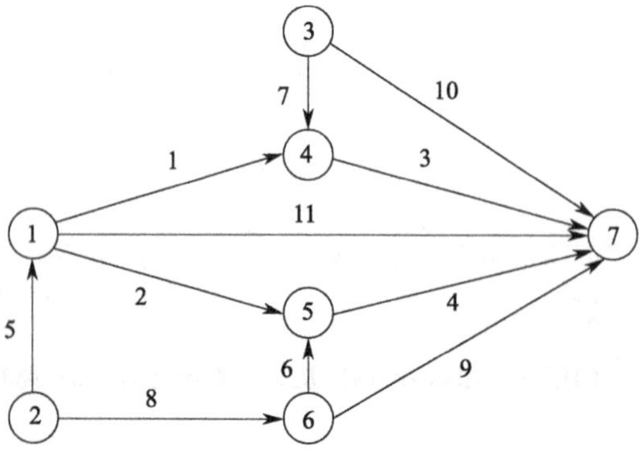


图 4.7　测试交通网络

路径关联关系（表 4.6）。给定 OD 需求$(D_{17},D_{27},D_{37},D_{67})=(200,200,200,200)$，服从数量调节的出行者占比 $\beta=50\%$，即第一类出行者 OD 需求$(d_{17},d_{27},d_{37},d_{67})=(100,$

100,100,100)，第二类出行者 OD 需求$(\hat{d}_{17},\hat{d}_{27},\hat{d}_{37},\hat{d}_{67})=(100,100,100,100)$。路径流比例调整率取 $\rho=0.1$。

**表 4.5　路段行驶时间函数参数**

| 路段 | 1 | 2 | 3 | 4 | 5 | 6 | 7 | 8 | 9 | 10 | 11 |
|---|---|---|---|---|---|---|---|---|---|---|---|
| $t_a$ | 6 | 5 | 6 | 7 | 6 | 1 | 5 | 10 | 11 | 11 | 15 |
| $c_a$ | 180 | 170 | 200 | 190 | 90 | 100 | 150 | 140 | 170 | 180 | 200 |

**表 4.6　OD 对路径-路段关联关系**

| OD 对 | 路径编号 | 路段 | OD 对 | 路径编号 | 路段 |
|---|---|---|---|---|---|
| (1,7) | 1 | 1、3 | (2,7) | 4 | 5、1、3 |
| | 2 | 11 | | 5 | 5、11 |
| | 3 | 2、4 | | 6 | 5、2、4 |
| (3,7) | 9 | 10 | | 7 | 8、6、4 |
| | 10 | 7、3 | | 8 | 8、9 |
| | | | (6,7) | 11 | 6、4 |
| | | | | 12 | 9 |

表 4.7 为第一类出行者混合均衡状态下的均衡路径流量及路径出行时间，图 4.8 为不同 OD 对间第一类出行者的路径流量及路径时间的演化过程图。

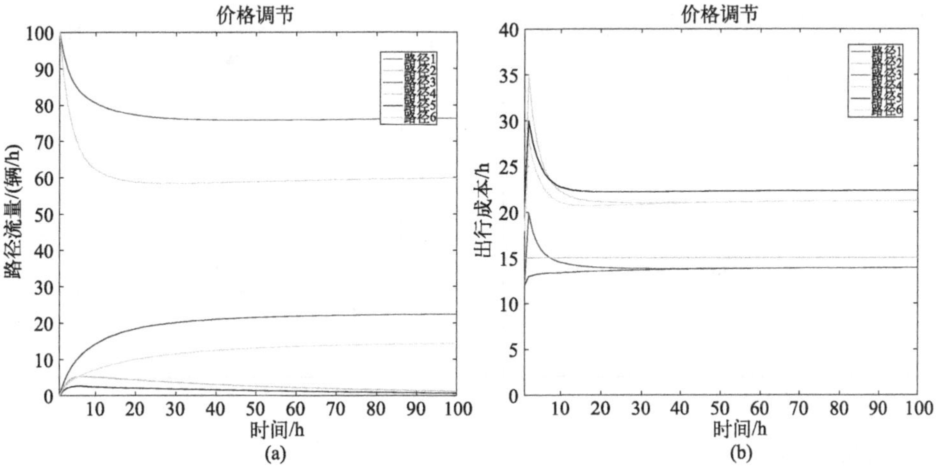


图 4.8　第一类出行者路径流（a）及路径出行时间（b）演化图

**表 4.7　第一类出行者混合均衡状态下路径流量及路径出行时间**

| OD 对 | 路径 | 路径流量/(辆/h) | 路径时间/h | OD 对 | 路径 | 路径流量/(辆/h) | 路径出行时间/h |
|---|---|---|---|---|---|---|---|
| (1,7) | 1 | 77 | 14 | (2,7) | 4 | 61 | 21 |
| | 2 | 1 | 15 | | 5 | 0 | 22 |
| | 3 | 22 | 14 | | 6 | 15 | 21 |
| (3,7) | 9 | 99 | 85 | | 7 | 24 | 21 |
| | 10 | 1 | 86 | | 8 | 0 | 22 |
| | | | | (6,7) | 11 | 100 | 11 |
| | | | | | 12 | 0 | 12 |

表 4.8 为第二类出行者混合均衡状态下的均衡路径流量及剩余容量，图 4.9 为不同 OD 对间第二类出行者的路径流量及剩余容量的演化过程图。

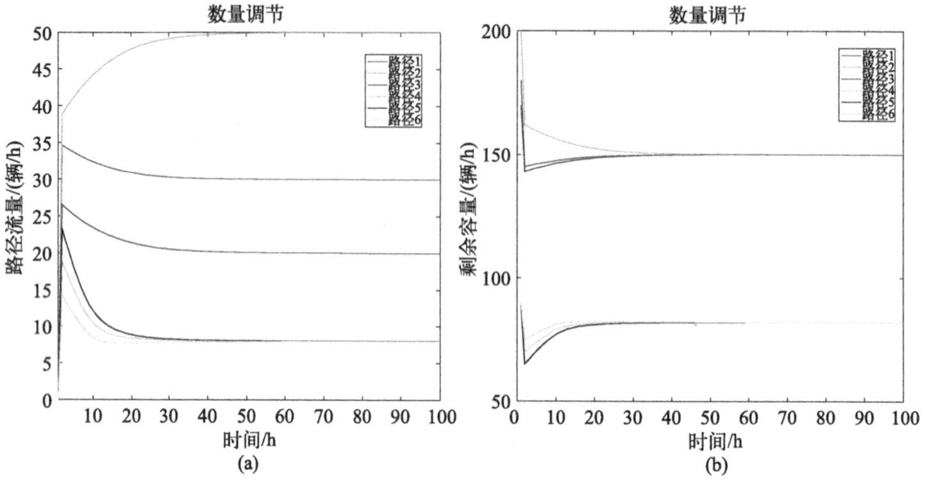


图 4.9　第二类出行者路径流量（a）及路径剩余容量（b）演化图

**表 4.8　第二类出行者混合均衡路径流量及剩余容量**

| OD 对 | 路径 | 路径流量/(辆/h) | 剩余容量/(辆/h) | OD 对 | 路径 | 路径流量/(辆/h) | 剩余容量/(辆/h) |
|---|---|---|---|---|---|---|---|
| (1,7) | 1 | 30 | 150 | (2,7) | 4 | 8 | 82 |
| | 2 | 50 | 150 | | 5 | 8 | 82 |
| | 3 | 20 | 150 | | 6 | 8 | 82 |
| (3,7) | 9 | 65 | 115 | | 7 | 18 | 82 |
| | 10 | 35 | 115 | | 8 | 58 | 82 |
| | | | | (6,7) | 11 | 15 | 85 |
| | | | | | 12 | 85 | 85 |

### 4.4.4　结果分析

模型的演算结果表明如下：

① 两类出行交通流在经过一段波动阶段后都逐渐收敛于均衡状态，其中第一类路径流达到均衡状态时所有被使用路径的出行时间相等且小于等于未被使用路径的出行时间，服从用户均衡准则；第二类路径流达到均衡状态时所有被使用路径的路径剩余容量相等，服从数量调节用户均衡准则。

② 每一时刻路网中根据实时出行信息调整自身路径选择决策的出行者越多，即路网所有出行者的路径选择行为所取得的总体效益越强，使得出行者向均衡状态调整的速度越快，则路网从非均衡状态达到均衡模式所需时间越短，路网交通流演化过程的收敛速度越快。

# 第5章 考虑车联网环境的多准则-多用户类交通流均衡调节

根据第3、第4章可知，根据经济学非均衡理论中的价格-数量调节行为原理，出行者的路径选择行为同时受路径出行时间和路径流量的影响。在这一选择过程中，不同的出行者所产生的路径选择行为会出现不同程度的差异性和异质性，这些性质体现在个体出行者的路径选择行为中，表现为出行者会依据路径出行时间和出行流量综合考虑，选择既快捷又舒适的路径出行；而反映个体出行者的路径选择行为中，则意味着出行者会分为两类，一类根据出行时间选择时间最短路径出行，另一类根据出行流量选择最通畅路径出行。因此，本文在第3、第4章分别提出了价格-数量混合调节交通流网络搜索演化模型和比例调整演化模型。

然而，经典的网络流均衡模式根据不同出行时间的表现形式可分为三类：基于实际出行时间决策的交通流形成用户均衡状态，基于感知路径出行时间决策的交通流形成随机用户均衡状态，基于系统边际时间决策的交通流形成系统最优状态。研究学者们均假设出行者以出行时间最小作为路径选择行为准则，因此反映的都是出行者遵循价格调节行为原理的路径选择行为，都体现了出行者对出行路径快捷性的选择偏好，而前文所述的价格调节用户均衡仅反映了基于实际出行时间进行决策的 Wardrop 用户均衡。

此外，出行路径选择过程中，出行者存在其固有特性，这些特性影响着出行者的路径选择决策，导致路网出行者路径选择行为具有多样性，为满足这一多样性要求，实际生活中的导航系统（如高德）在进行路线规划时会向用户提供三种路径：行驶时间最短、行驶距离最短、行驶过程通过的交通信号灯最少，反映的正是出行者对出行路径快捷性和舒适性的不同追求。而随着智能交通系统和技术逐渐成熟，道路网络的完全信息可以及时提供给出行者，但不同出行者对交通信息的获取程度和处理能力不同，因此即使遵循同样路径选择行为准则的出行者依旧可能进行不同的路径选择决策，不同的路径选择决策导致不同的网络交通流分布形态。

基于此，本章在价格调节行为原理和数量调节行为原理基础上相应地定义了路径快捷性选择行为准则和路径舒适性选择行为准则，同时考虑出行者对路网信息的掌握程度不同将路网出行者划分为三类，一类出行者掌握完全的路网信息，并遵循路径舒适性选择行为准则；而遵循路径快捷性选择行为准则的出行者中，一部分出行者能获取到完整的路网信息，选择实际出行时间最短路径出行；另一部分出行者接收到的路网信息不完整，因此依据自身感知路径出行时间进行出行路径决策。通过建立相应的混合交通流演化模型对三类网络出行者的逐日路径流演化过程进行了分析，刻画出三类出行者共同路径选择行为作用的流量调整过程，并最终收敛于混合均衡状态[158]。显然考虑信息完备程度不同的多路径选择行为准则下多用户类共存的网络混合均衡流，将比价格-数量混合调节行为原理下的网络均衡流更具一般性。这种混合均衡交通流演化模型不仅考虑了出行者的异质性和个体差异，能更形象地解释出行者的交通出行行为，而且更灵活客观地描述了实际路网交通流动态演化过程，为制定网络交通流控制策略和交通规划设计方案等提供了依据。

## 5.1 路径选择行为准则与均衡状态

假设道路网络出行信息包括可选路径的出行时间以及车流量大小和拥挤程度等，采用路径出行时间作为快捷性指标，采用路径剩余容量作为舒适性指标，反映路网车流量大小和拥挤程度。考虑道路网络存在三类出行者，第一类出行者拥有完全的路网信息，服从路径快捷性选择行为准则；第二类出行者拥有完全的路网信息，服从路径舒适性选择行为准则；第三类出行者具有不完全的路网信息，服从路径快捷性选择行为准则。

假设拥有完整路网出行信息的出行者比例为 $\bar{\omega}$。同时服从路径快捷性选择行为准则的出行者占比为 $1-\chi$，而服从路径舒适性选择行为准则的出行者占比为 $\chi$。给定 OD 对 $w$ 间总的交通需求 $D_w$，可知三类出行者的交通需求分别为 $d_w=\bar{\omega}(1-\chi)D_w$，$\hat{d}_w=\bar{\omega}\chi D_w$，$\bar{d}_w=(1-\bar{\omega})D_w$，三类需求在路径 $r\in R_w$ 上形成的路径流分别为 $f_w^r$、$\bar{f}_w^r$ 和 $\hat{f}_w^r$，路径流的集合可分别表示为：

$$\begin{cases} f=(f_w^r:w\in W,r\in R_w) \\ \hat{f}=(\hat{f}_w^r:w\in W,r\in R_w) \\ \bar{f}=(\bar{f}_w^r:w\in W,r\in R_w) \end{cases} \tag{5.1}$$

式中，$r$ 表示某一条路径；$R_w$ 表示所有路径的集合。

此时路段 $a\in A$ 上的流量为三类出行者所产生的路径流之和，即：

$$x_a=\sum_{w\in W}\sum_{r\in R_w}\delta_w^{ra}(f_w^r+\hat{f}_w^r+\bar{f}_w^r),a\in A \tag{5.2}$$

式中，$a$ 表示某一路段；$A$ 表示所有路段的集合。

### 5.1.1 路径快捷性选择与网络均衡

路径快捷性选择行为准则下，出行者的出行决策变量是统一的，即所有出行者都基于出行时间这一变量选择出行路径，体现的是对出行快捷性的要求。这类出行者在进行路径选择时希望能够尽快到达目的地，所以会根据道路交通出行信息选择实际出行时间最短的路径出行。快捷性选择偏好下存在不同的路径选择准则，传统的三种均衡模式刻画的均是出行者选择最短路径出行的路径快捷性选择行为作用于交通流最终稳定形成的均衡流状态：选择真实时间最短路径，网络最终形成用户均衡模式；选择感知时间最短路径，网络最终形成随机用户均衡模式；选择边际时间最短路径，网络最终形成系统最优模式。

路段行驶时间为 $t_a=t_a(x_a)$，假设路径时间具有可加性，则路径行驶时间为：

$$c_w^r=\sum_{a\in A}\delta_w^{ra}t_a(x_a),r\in R_w,w\in W \tag{5.3}$$

第一类出行者拥有完全的出行信息时，其路径调整行为服从 Wardrop 行为假设，所有出行者选择实际出行时间最短的路径出行，且会向出行时间小于当前路径出行时间的可选路径转移，直至路网所有路径的出行时间相等，达到均衡状态，即传统的 Wardrop 用户均衡，其均衡条件为：

$$\begin{cases} f_w^r>0,c_w^r=\mu_w \\ f_w^r=0,c_w^r\geqslant\mu_w \end{cases},r\in R_w,w\in W \tag{5.4}$$

式中，$\mu_w$ 为 OD 对 $w$ 间的最短路径行驶时间。

第三类出行者具有不完全的出行信息时，其路径调整行为服从 Logit 型随机用户均衡行为假设，所有出行者选择感知出行时间最小的路径出行，且会向感知出行时间小于当前路径感知出行时间的可选路径转移，直至路网所有路径的感知出行时间相等，达到均衡状态，即随机用户均衡，其均衡条件为：

$$\bar{f}_w^r=p_w^r\bar{d}_w=\frac{\exp(-\theta c_w^r)}{\sum\limits_{k\in R_w}\exp(-\theta c_w^r)}\bar{d}_w,r\in R_w,w\in W \tag{5.5}$$

式中，$p_w^r$ 为 $w$ 间路径 $r$ 被选择的概率；$\theta$ 为感知参数，是度量出行者对路网熟悉程度的指标，用来反映感知出行时间与实际出行时间之间误差的大小。

### 5.1.2　路径舒适性选择与网络均衡

路径舒适性选择行为准则下，出行者选择连接 OD 对间最舒适路径出行。这类出行者在进行路径选择时不追求尽快到达目的地，而是希望行驶过程尽量舒适。舒适表示的是个体感受到的一种安乐舒服的感觉，感觉舒适性是人们的感官刺激在一定范围内表现出积极、满意等情绪体验[159]。舒适性是出行者的一种生理感受，因此具有很强的个体差异性，而且即使是同一个主体，根据其所处的环境不同也会产生不同的感受，因此舒适度很难给出一个统一的确定标准。目前关于路径舒适性也没有统一定义，为了切合价格-数量调节行为原理在路径选择行为中的应用，本文将路径车流量大小作为路径舒适性主要指标，出行者根据可选路径上交通流的大小选择出行路径，为刻画这一选择行为，选取路径剩余容量作为反映路网舒适性程度的指标，路径剩余容量是路径最大交通容量与路径流量之差，是路径流量的一种间接表达，它不仅考虑了路径的通行能力大小，而且反映了该路径的出行舒适度，剩余容量大的路径服务水平、道路设施、通畅程度、行驶体验感等均高于剩余容量小的可选路径，其出行舒适性好，反之亦然。

当路网出行需求较小时，所有路径通行能力均较大，出行者择优选择剩余容量最大，即最舒适路径出行，随着路网出行需求的增加，所有路径的剩余容量均会随之减少，路网逐渐处于拥挤状态，此时各路径的出行舒适性均随之降低，出行者会向剩余容量大于当前路径的可选路径上转移，直至路网所有路径上的剩余容量相等，达到均衡状态。将这种路径选择行为称为路径舒适性选择行为，形成的网络均衡状态称为数量调节用户均衡。

令 $K_a$ 表示路段 $a$ 的最大交通容量，因此 OD 对 $w$ 间路径 $r$ 的最大交通容量可表示为：

$$K_r = \min(\delta_w^{ra} K_a) \tag{5.6}$$

OD 对 $w$ 间路径 $r \in R_w$ 的路径剩余容量 $s_w^r$ 为：

$$s_w^r(\hat{f}) = K_r - \hat{f} \tag{5.7}$$

OD 对 $w$ 间的最大路径剩余容量为：

$$v_w = \max_{r \in R_w} \{ s_w^r(\hat{f}) \} \tag{5.8}$$

第二类出行者具有完全的出行信息时，其路径调整行为服从数量调节用户均衡行为假设，所有出行者选择剩余容量最大的路径出行，且会向剩余容量大于当前路径剩余容量的可选路径转移，直至路网所有路径的剩余容量相等，达到均衡状态，即数量调节用户均衡，其均衡状态为：同一 OD 对间所有被选择路径的路径剩余容量均与最大路径剩余容量相等；未被选择路径的路径剩余容量小于该 OD 对间的最大路径剩余容量[87]。其均衡条件为：

$$\begin{cases} \hat{f}_w^r > 0, s_w^r(\hat{f}) = v_w \\ \hat{f}_w^r = 0, s_w^r(\hat{f}) \leqslant v_w \end{cases}, r \in R_w, w \in W \tag{5.9}$$

## 5.2 混合均衡路径流演化

### 5.2.1 混合均衡演化过程

基于离散型逐日交通流动态演化过程的一般框架[160]，将路径流从非均衡状态向混合均衡状态的演化过程表示为：

$$\begin{pmatrix} \boldsymbol{f}^{(n+1)} \\ \hat{\boldsymbol{f}}^{(n+1)} \\ \bar{\boldsymbol{f}}^{(n+1)} \end{pmatrix} = (1-\rho) \begin{pmatrix} \boldsymbol{f}^{(n)} \\ \hat{\boldsymbol{f}}^{(n)} \\ \bar{\boldsymbol{f}}^{(n)} \end{pmatrix} + \rho \begin{pmatrix} \boldsymbol{y}^{(n)} \\ \hat{\boldsymbol{y}}^{(n)} \\ \bar{\boldsymbol{y}}^{(n)} \end{pmatrix} \tag{5.10}$$

式中，$(\boldsymbol{f}^{(n+1)}, \hat{\boldsymbol{f}}^{(n+1)}, \bar{\boldsymbol{f}}^{(n+1)})^{\mathrm{T}}$ 为第 $n+1$ 天的网络路径流；$(\boldsymbol{f}^{(n)}, \hat{\boldsymbol{f}}^{(n)}, \bar{\boldsymbol{f}}^{(n)})^{\mathrm{T}}$ 为第 $n$ 天的网络路径流；$(\boldsymbol{y}^{(n)}, \hat{\boldsymbol{y}}^{(n)}, \bar{\boldsymbol{y}}^{(n)})^{\mathrm{T}}$ 为第 $n+1$ 天的期望路径流；$\rho(0 \leqslant \rho \leqslant 1)$ 为路径调

整比率。由式(5.10) 可知，第 $n+1$ 天的网络路径流由两部分组成，其中一部分出行者在第 $n+1$ 天仍选择第 $n$ 天的路径出行，而另一部分出行者则会调整路径决策。各类路径流演化模型的区别在于期望路径流和路径调整比率选取的不同。

### 5.2.2 期望路径流

第一类出行者期望路径流 $\boldsymbol{y}^{(n)}$ 服从 Yang 等提出的理性行为调整过程（RBAP），假定出行者的路径调整机制促使出行者避免向出行费用高于当前费用的路径调整，系统会随着出行者的路径调整向集聚出行成本减少的方向变化。即随着路径流逐日演化，系统集聚出行成本递减，直至达到均衡状态[102]。令 $\dot{f}(t)$ 为路径流对时间的导数，$\Gamma$ 为基于当前路径行驶时间所有能减少总行驶时间的可行方向集合；$\boldsymbol{z}(t)$ 为路径流的微小变化向量。理性行为调整准则的数学表达式如下所示：

$$\begin{cases}\Gamma \neq \varphi, \dot{f}(t) \in \Gamma \\ \Gamma = \varphi, \dot{f}(t) = 0\end{cases}, \Gamma = \left\{\boldsymbol{z}(t): \sum_{r \in R_w} z_w^r(t) = 0, \boldsymbol{c}(t)^{\mathrm{T}} \boldsymbol{z}(t) < 0\right\} \tag{5.11}$$

式中，$\sum\limits_{r \in R_w} z_w^r(t) = 0$ 是流量守恒条件，即一个 OD 对间的不同路径，若需求固定，有路径流增加就必有路径流减少，总的变化量为零；$\boldsymbol{c}(t)^{\mathrm{T}} \boldsymbol{z}(t) < 0$ 表示：出行者为了减小自身出行成本，会根据路径交通信息做出促使系统行驶时间变小的理性行为决策。式(5.11) 表明：任意时刻，只要存在能使总出行时间减少的可行方向，则 $\dot{f}(t)$ 为其中之一；否则 $\dot{f}(t)$ 为零。换而言之，当系统总出行时间无法进一步减少时，当前路径流稳定模式就是一个理性行为调整过程。

第二类出行者根据路径剩余容量 $s_w^r$ 调整出行路径决策，即这类出行者的路径选择调整机制促使出行者向剩余容量高于当前剩余容量的路径调整，随着交通流逐日演化，最终均衡状态时同一 OD 对所有路径上的剩余容量相等且等于路径最大剩余容量 $s_w^r(\hat{f}^*) = v_w(\hat{f}^*)$。

假设出行者在第 $n+1$ 天 OD 对 $w$ 间路径 $r$ 的期望路径剩余容量 $\hat{v}_w^{r,n+1}$ 为第 $n$ 天的期望路径剩余容量 $\hat{v}_w^{r,n}$ 与实际路径剩余容量 $\boldsymbol{s}_w^{r,n}$ 的加权和。(达到均衡状态时的期望路径剩余容量 $\hat{v}_w^{r*}$ 与实际路径剩余容量 $s_w^{r*}$ 均为路径最大剩余容量 $v_w(\hat{f}^*)$)

$$\begin{aligned}\hat{v}_w^{r,n+1} &= q\boldsymbol{s}_w^{r,n}(x) + (1-q)\hat{v}_w^{r,n} \\ &= q\boldsymbol{s}_w^{r,n}(x) + (1-q)(qs_w^{r,n-1}(x) + (1-q)\hat{v}_w^{r,n-1}) \\ &= q\boldsymbol{s}_w^{r,n}(x) + (1-q)qs_w^{r,n-1}(x) + (1-q)2\hat{v}_w^{r,n-1} \\ &= \cdots = \sum_{k=0}^{n} q \cdot (1-q)^k s_w^{r,n-k}(x)\end{aligned} \tag{5.12}$$

式中，$q(0<q\leqslant 1)$ 为参数，反映出行者对当前实际路径剩余容量与期望路径剩余容量的偏好程度。$q$ 值越大表示出行者越接近期望剩余容量，当 $q=1$ 时，代表出行者当前路径剩余容量与其期望路径剩余容量相等，即出行者所使用的路径为最大剩余容量路径。

第三类出行者为基于历史出行经验的动态路径调整行为，假设出行者的预测路径出行时间为历史出行时间的线性加权，权重取值根据时间从近至远以指数形式减小。由此可得，出行者在第 $n+1$ 天 OD 对 $w$ 间路径 $r$ 的预测出行时间为[161]：

$$\tilde{\boldsymbol{c}}_w^{r,n+1}=(1-\kappa)\tilde{\boldsymbol{c}}_w^{r,n+1}+\kappa c_w^{r,n}(x^n) \tag{5.13}$$

进一步展开得到：

$$\tilde{\boldsymbol{c}}_w^{r,n+1}=\sum_{l=0}^{n}\kappa(1-\kappa)^l\cdot c_w^{r,n-l} \tag{5.14}$$

式中，$\kappa(0<\kappa\leqslant 1)$ 为经验偏好参数，代表出行者更偏向于相信近期出行的经验时间值；而对距离当前时间越久的经验值的可信度越小，因此出行者给予的决策权重越小[161]。当 $\kappa=1$ 时，代表出行者仅根据前一天的出行经验值预测后一天的出行时间。

综上所述，为刻画三类出行者的路径调整行为，基于 Zhou 等[79] 研究提出理性期望路径流假设（REFA），假设三类出行者的期望路径流由下列最小化问题的最优解给出：

$$\min_{f}\sum_{w\in W}\sum_{r\in R_w}c_w^{r,n}\cdot f_w^r \tag{5.15}$$

$$\min_{\bar{f}}\sum_{w\in W}\sum_{r\in R_w}(v_w^n(\hat{f}_w^r)-s_w^{r,n}(\hat{f}_w^r))\cdot\hat{f}_w^r \tag{5.16}$$

$$\min_{\hat{f}}\sum_{w\in W}\sum_{r\in R_w}\tilde{\boldsymbol{c}}_w^{r\cdot n}\cdot\bar{f}_w^r+\frac{1}{\theta}\sum_{w\in W}\sum_{r\in R_w}\bar{f}_w^r\cdot\ln\bar{f}_w^r \tag{5.17}$$

式(5.15) 为给定路径时间 $c_w^{r,n}$ 下的 0-1 分配（全有全无分配）问题，表示出行者会选择路径出行时间最小的路径出行，其最优解为服从用户均衡准则的第一类出行者第 $n+1$ 天的期望路径流 $\boldsymbol{y}^{(n)}$；式(5.16) 表示出行者会选择路径剩余容量最大的路径出行，其最优解为追求路径舒适度最大的第二类出行者第 $n+1$ 天的期望路径流 $\hat{\boldsymbol{y}}^{(n)}$；式(5.17) 为给定路径时间 $\tilde{\boldsymbol{c}}_w^{r\cdot n}$ 下的经典 Logit 随机分配问题，表示出行者会选择自身感知路径出行时间最小的路径出行，结合其最优解可将服从 Logit 随机用户均衡准则的第三类出行者第 $n+1$ 天的期望路径流 $\bar{\boldsymbol{y}}^{(n)}$ 表示为：

$$\bar{\boldsymbol{y}}_w^{r,n}=\bar{\boldsymbol{d}}_w\cdot\bar{\boldsymbol{p}}(\tilde{\boldsymbol{c}}_w^{r\cdot n},\theta) \tag{5.18}$$

## 5.3 模型特性分析

### 5.3.1 等价性

混合均衡路径流演化模型的均衡解 $(\boldsymbol{f}^*,\hat{\boldsymbol{f}}^*,\bar{\boldsymbol{f}}^*)^{\mathrm{T}}$ 可由下列线性规划问题求得：

$$\min_{f,\hat{f},\bar{f}} Z(f,\hat{f},\bar{f})=\min_{f,\hat{f},\bar{f}}\begin{bmatrix}c(\mathbf{f})\\-s(\hat{\mathbf{f}})\\\bar{c}(\bar{\mathbf{f}})\end{bmatrix}\begin{pmatrix}f\\\hat{f}\\\bar{f}\end{pmatrix} \tag{5.19}$$

$$\Lambda f-d=0 \tag{5.20}$$

$$\Lambda\hat{f}-\hat{d}=0 \tag{5.21}$$

$$\Lambda\bar{f}-\bar{d}=0 \tag{5.22}$$

$$f\geqslant 0,\hat{f}\geqslant 0,\bar{f}\geqslant 0 \tag{5.23}$$

式中，$Z(f,\hat{f},\bar{f})$ 为路网综合出行费用函数；$\Lambda$ 为 OD-路径关联矩阵；三类出行者的决策因素分别为：路径出行时间 $c(f)$、路径剩余容量 $s(\hat{f})$ 以及考虑经验偏好的感知出行时间 $\bar{c}(\bar{f})$，满足：

$$\bar{c}(\bar{f})=c(\bar{f})+\frac{1}{\theta}(\ln(\bar{f})+I) \tag{5.24}$$

证明：显然，最小化问题式(5.19)～式(5.23) 的库恩塔克条件为：

$$\begin{bmatrix}c(f)-\Lambda\pi^*\\\Lambda\hat{\pi}^*-s(\hat{f})\\\bar{c}(\bar{f})-\Lambda\bar{\pi}^*\end{bmatrix}^{\mathrm{T}}\begin{pmatrix}f\\\hat{f}\\\bar{f}\end{pmatrix}=0 \tag{5.25}$$

$$c(f)-\Lambda\pi^*\geqslant 0 \tag{5.26}$$

$$\Lambda\hat{\pi}^*-s(\hat{f})\geqslant 0 \tag{5.27}$$

$$\bar{c}(\bar{f})-\Lambda\bar{\pi}^*\geqslant 0 \tag{5.28}$$

$$\Lambda f-d=0 \tag{5.29}$$

$$\Lambda\hat{f}-\hat{d}=0 \tag{5.30}$$

$$\Lambda\bar{f}-\bar{d}=0 \tag{5.31}$$

$$f\geqslant 0,\hat{f}\geqslant 0,\bar{f}\geqslant 0 \tag{5.32}$$

式中，$\pi^*$、$\hat{\pi}^*$ 和 $\bar{\pi}^*$ 分别对应流量守恒约束式(5.20)～式(5.22) 的拉格朗日乘子。

由于 Logit 型随机分配模型中所有路径流严格大于零，即 $\bar{f}_w^r>0$，$r\in R_w$，因此式(5.25) 化为：

$$\begin{bmatrix}c(f)-\Lambda\pi^*\\\Lambda\hat{\pi}^*-s(\hat{f})\end{bmatrix}^{\mathrm{T}}\begin{pmatrix}f\\\hat{f}\end{pmatrix}=0 \tag{5.33}$$

$$\bar{c}(\bar{f})-\Lambda\bar{\pi}^*=0 \tag{5.34}$$

显然，结合式(5.33) 和式(5.26) 可得

$$\begin{cases}\boldsymbol{f}>\boldsymbol{0},\boldsymbol{c}(\boldsymbol{f})=\Lambda\pi^*\\ \boldsymbol{f}=\boldsymbol{0},\boldsymbol{c}(\boldsymbol{f})\geqslant\Lambda\pi^*\end{cases} \tag{5.35}$$

结合式(5.33)和式(5.27)可得：

$$\begin{cases}\hat{\boldsymbol{f}}>\boldsymbol{0},\boldsymbol{s}(\hat{\boldsymbol{f}})=\Lambda\hat{\pi}^*\\ \hat{\boldsymbol{f}}=\boldsymbol{0},\boldsymbol{s}(\hat{\boldsymbol{f}})\leqslant\Lambda\hat{\pi}^*\end{cases} \tag{5.36}$$

由此可知拉格朗日乘子 $\pi^*$ 和 $\hat{\pi}^*$ 分别等于路径最小出行时间和路径最大剩余容量。

结合式(5.24)和式(5.34)可得：

$$\bar{\boldsymbol{f}}=\exp(-\theta(\boldsymbol{c}-\bar{\pi}^*)-1)$$

即：

$$\bar{f}_w^r=\frac{\exp(-\theta c_w^r)}{\sum\limits_{k\in R_w}\exp(-\theta c_w^r)}\bar{d}_w, r\in R_w \tag{5.37}$$

得证。

## 5.3.2 解的唯一性

由变分不等式相关定理[162]可知，线性规划问题式(5.19)～式(5.23)的解$(\boldsymbol{f}^*,\hat{\boldsymbol{f}}^*,\bar{\boldsymbol{f}}^*)^{\mathrm{T}}$也是下列变分不等式的解：

$$\nabla Z(\boldsymbol{f}^*,\hat{\boldsymbol{f}}^*,\bar{\boldsymbol{f}}^*)^{\mathrm{T}}\cdot\begin{pmatrix}\boldsymbol{f}-\boldsymbol{f}^*\\ \hat{\boldsymbol{f}}-\hat{\boldsymbol{f}}^*\\ \bar{\boldsymbol{f}}-\bar{\boldsymbol{f}}^*\end{pmatrix}=\begin{bmatrix}\boldsymbol{c}(\boldsymbol{f}^*,\hat{\boldsymbol{f}}^*,\bar{\boldsymbol{f}}^*)\\ -\boldsymbol{s}(\boldsymbol{f}^*,\hat{\boldsymbol{f}}^*,\bar{\boldsymbol{f}}^*)\\ \bar{\boldsymbol{c}}(\boldsymbol{f}^*,\hat{\boldsymbol{f}}^*,\bar{\boldsymbol{f}}^*)\end{bmatrix}^{\mathrm{T}}\begin{pmatrix}\boldsymbol{f}-\boldsymbol{f}^*\\ \hat{\boldsymbol{f}}-\hat{\boldsymbol{f}}^*\\ \bar{\boldsymbol{f}}-\bar{\boldsymbol{f}}^*\end{pmatrix}\geqslant 0 \tag{5.38}$$

则有

$$Z(\boldsymbol{f}(n),\hat{\boldsymbol{f}}(n),\bar{\boldsymbol{f}}(n))-Z(\boldsymbol{f}^*,\hat{\boldsymbol{f}}^*,\bar{\boldsymbol{f}}^*)=\begin{bmatrix}\boldsymbol{c}(\boldsymbol{f}^*,\hat{\boldsymbol{f}}^*,\bar{\boldsymbol{f}}^*)\\ -\boldsymbol{s}(\boldsymbol{f}^*,\hat{\boldsymbol{f}}^*,\bar{\boldsymbol{f}}^*)\\ \bar{\boldsymbol{c}}(\boldsymbol{f}^*,\hat{\boldsymbol{f}}^*,\bar{\boldsymbol{f}}^*)\end{bmatrix}^{\mathrm{T}}\begin{pmatrix}\boldsymbol{f}(n)-\boldsymbol{f}^*\\ \hat{\boldsymbol{f}}(n)-\hat{\boldsymbol{f}}^*\\ \bar{\boldsymbol{f}}(n)-\bar{\boldsymbol{f}}^*\end{pmatrix}\geqslant 0 \tag{5.39}$$

由此可知解$(\boldsymbol{f}^*,\hat{\boldsymbol{f}}^*,\bar{\boldsymbol{f}}^*)^{\mathrm{T}}$为函数$Z(\boldsymbol{f},\hat{\boldsymbol{f}},\bar{\boldsymbol{f}})$的极值点，亦表示当路网交通流达到混合均衡状态$(\boldsymbol{f}^*,\hat{\boldsymbol{f}}^*,\bar{\boldsymbol{f}}^*)^{\mathrm{T}}$时，出行者的综合出行费用达到最低$Z(\boldsymbol{f}^*,\hat{\boldsymbol{f}}^*,\bar{\boldsymbol{f}}^*)$，且无法进一步降低，此时所有第一类出行者的路径出行时间与OD对间最小路径出行时间相等，所有第二类出行者的路径剩余容量与OD对间最大剩余容量相等，所有第三类出行者的感知路径出行时间与OD对间感知最小路径出行时间相等。分析可知，函数$Z(\boldsymbol{f},\hat{\boldsymbol{f}},\bar{\boldsymbol{f}})$关于路径流$(\boldsymbol{f},\hat{\boldsymbol{f}},\bar{\boldsymbol{f}})$单调递增，综上可得，$(\boldsymbol{f}^*,\hat{\boldsymbol{f}}^*,\bar{\boldsymbol{f}}^*)^{\mathrm{T}}$为线性规划问题式(5.19)～式(5.23)的

唯一最优解。

### 5.3.3 解的稳定性

给定两个变分不等式(5.39) 的解 $(\boldsymbol{f}^*, \hat{\boldsymbol{f}}^*, \bar{\boldsymbol{f}}^*)^{\mathrm{T}}$ 和 $(\boldsymbol{f}, \hat{\boldsymbol{f}}, \bar{\boldsymbol{f}})^{\mathrm{T}}$，满足：

$$\nabla Z^*(\boldsymbol{f}^*,\hat{\boldsymbol{f}}^*,\bar{\boldsymbol{f}}^*)^{\mathrm{T}}\cdot\begin{pmatrix}\boldsymbol{f}'-\boldsymbol{f}^*\\ \hat{\boldsymbol{f}}'-\hat{\boldsymbol{f}}^*\\ \bar{\boldsymbol{f}}'-\bar{\boldsymbol{f}}^*\end{pmatrix}=\begin{bmatrix}\boldsymbol{c}(\boldsymbol{f}^*,\hat{\boldsymbol{f}}^*,\bar{\boldsymbol{f}}^*)\\ -\boldsymbol{s}(\boldsymbol{f}^*,\hat{\boldsymbol{f}}^*,\bar{\boldsymbol{f}}^*)\\ \bar{\boldsymbol{c}}(\boldsymbol{f}^*,\hat{\boldsymbol{f}}^*,\bar{\boldsymbol{f}}^*)\end{bmatrix}^{\mathrm{T}}\begin{pmatrix}\boldsymbol{f}'-\boldsymbol{f}^*\\ \hat{\boldsymbol{f}}'-\hat{\boldsymbol{f}}^*\\ \bar{\boldsymbol{f}}'-\bar{\boldsymbol{f}}^*\end{pmatrix}\geqslant 0 \tag{5.40}$$

$$\nabla Z(\boldsymbol{f},\hat{\boldsymbol{f}},\bar{\boldsymbol{f}})^{\mathrm{T}}\cdot\begin{pmatrix}\boldsymbol{f}'-\boldsymbol{f}\\ \hat{\boldsymbol{f}}'-\hat{\boldsymbol{f}}\\ \bar{\boldsymbol{f}}'-\bar{\boldsymbol{f}}\end{pmatrix}=\begin{bmatrix}\boldsymbol{c}(\boldsymbol{f},\hat{\boldsymbol{f}},\bar{\boldsymbol{f}})\\ -\boldsymbol{s}(\boldsymbol{f},\hat{\boldsymbol{f}},\bar{\boldsymbol{f}})\\ \bar{\boldsymbol{c}}(\boldsymbol{f},\hat{\boldsymbol{f}},\bar{\boldsymbol{f}})\end{bmatrix}^{\mathrm{T}}\begin{pmatrix}\boldsymbol{f}'-\boldsymbol{f}\\ \hat{\boldsymbol{f}}'-\hat{\boldsymbol{f}}\\ \bar{\boldsymbol{f}}'-\bar{\boldsymbol{f}}\end{pmatrix}\geqslant 0 \tag{5.41}$$

令式（5.40）中 $(\boldsymbol{f}', \hat{\boldsymbol{f}}', \bar{\boldsymbol{f}}')^{\mathrm{T}} = (\boldsymbol{f}, \hat{\boldsymbol{f}}, \bar{\boldsymbol{f}})^{\mathrm{T}}$，式（5.41）中 $(\boldsymbol{f}', \hat{\boldsymbol{f}}', \bar{\boldsymbol{f}}')^{\mathrm{T}} = (\boldsymbol{f}^*, \hat{\boldsymbol{f}}^*, \bar{\boldsymbol{f}}^*)^{\mathrm{T}}$，结合可得：

$$\Delta F(t)\cdot\Delta(t)=[\nabla Z^*(\boldsymbol{f}^*,\hat{\boldsymbol{f}}^*,\bar{\boldsymbol{f}}^*)^{\mathrm{T}}-\nabla Z(\boldsymbol{f},\hat{\boldsymbol{f}},\bar{\boldsymbol{f}})^{\mathrm{T}}]\cdot\begin{pmatrix}\boldsymbol{f}^*-\boldsymbol{f}\\ \hat{\boldsymbol{f}}^*-\hat{\boldsymbol{f}}\\ \bar{\boldsymbol{f}}^*-\bar{\boldsymbol{f}}\end{pmatrix}$$

$$=\begin{bmatrix}\boldsymbol{c}(\boldsymbol{f}^*,\hat{\boldsymbol{f}}^*,\bar{\boldsymbol{f}}^*)-\boldsymbol{c}(\boldsymbol{f},\hat{\boldsymbol{f}},\bar{\boldsymbol{f}})\\ \boldsymbol{s}(\boldsymbol{f},\hat{\boldsymbol{f}},\bar{\boldsymbol{f}})-\boldsymbol{s}(\boldsymbol{f}^*,\hat{\boldsymbol{f}}^*,\bar{\boldsymbol{f}}^*)\\ \bar{\boldsymbol{c}}(\boldsymbol{f}^*,\hat{\boldsymbol{f}}^*,\bar{\boldsymbol{f}}^*)-\bar{\boldsymbol{c}}(\boldsymbol{f},\hat{\boldsymbol{f}},\bar{\boldsymbol{f}})\end{bmatrix}^{\mathrm{T}}\cdot\begin{pmatrix}\boldsymbol{f}^*-\boldsymbol{f}\\ \hat{\boldsymbol{f}}^*-\hat{\boldsymbol{f}}\\ \bar{\boldsymbol{f}}^*-\bar{\boldsymbol{f}}\end{pmatrix}\leqslant 0 \tag{5.42}$$

得证。

### 5.3.4 模型求解

Step 0：初始化，$n=0$。设定模型参数：$\bar{\omega}$，$\rho$，$q$，$\kappa$，$\vartheta$ 及终止条件 $\zeta$，给定路段-路径关联矩阵 $\boldsymbol{\Delta}$、全一矩阵 $\boldsymbol{I}$ 及 OD 需求 $D$。基于自由行驶时间分别对第一类出行者执行最短路分配得到路径流 $f$ (0)，对第二类出行者执行最大路径剩余容量分配得到路径流 $\hat{f}(0)$，对第三类出行者执行 Logit 随机分配得到路径流 $\bar{f}$ (0)；

Step 1：总的路径流 $F^{(n)}=f^{(n)}+\hat{f}^{(n)}+\bar{f}^{(n)}$，路段流 $x_a^{(n)}=\Delta' F^{(n)}$。根据 BPR 函数更新路段行驶时间 $t_a^{(n)}=t_a\left(x_a^{(n)}\right)$，$a\in A$，分别用式(5.3)、式(5.8) 和式(5.24) 更新路径行驶时间、路径剩余容量和感知路径出行时间。

Step 2：根据式(5.15)～式(5.17) 更新三类出行者的调整路径流 $y^{(n)}$，$\hat{y}^{(n)}$，$\bar{y}^{(n)}$。

Step 3：根据式(5.10) 更新路径流。

Step 4：收敛性检验。如果$\left|\dfrac{f^{(n+1)}-f^{(n)}}{f^{(n+1)}}\right|\leqslant\zeta\cap\left|\dfrac{\hat{f}^{(n+1)}-\hat{f}^{(n)}}{\hat{f}^{(n+1)}}\right|\leqslant\zeta\cap\left|\dfrac{\bar{f}^{(n+1)}-\bar{f}^{(n)}}{\bar{f}^{(n+1)}}\right|\leqslant$ $\zeta$，则输出 $f^{(n+1)}$，$\hat{f}^{(n+1)}$，$\bar{f}^{(n+1)}$；否则令 $n=n+1$，转入 Step 1。

## 5.4 数例演算

### 5.4.1 数量调节占比

为分析数量调节占比对路网交通流演化的影响，给定单一 OD 网络如图 5.1[115] 所示，路段-路径关联如表 5.1 所示。路段出行时间函数采用 BPR 函数，其函数参数如表 5.2 所示。

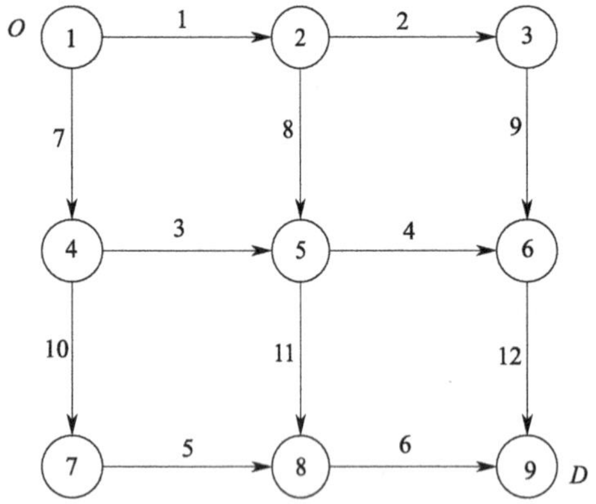


图 5.1 测试交通网络

表 5.1 路段-路径关联矩阵

$$\Delta^{\mathrm{T}}=\begin{bmatrix}1&1&0&0&0&0&0&0&1&0&0&1\\1&0&0&1&0&0&0&1&0&0&0&1\\1&0&0&0&0&1&0&1&0&0&1&0\\0&0&1&1&0&0&1&0&0&0&0&1\\0&0&1&0&0&1&1&0&0&0&1&0\\0&0&0&0&1&1&1&0&0&1&0&0\end{bmatrix}$$

表 5.2 路段行驶时间函数参数

| 路段 | $t_a^0$/h | $c_a$/(辆/h) | 路段 | $t_a^0$/h | $c_a$/(辆/h) |
|---|---|---|---|---|---|
| 1 | 8 | 60 | 7 | 14 | 60 |
| 2 | 16 | 60 | 8 | 14 | 80 |
| 3 | 10 | 80 | 9 | 8 | 60 |
| 4 | 8 | 60 | 10 | 10 | 80 |
| 5 | 8 | 40 | 11 | 8 | 40 |
| 6 | 10 | 40 | 12 | 8 | 60 |

注：$t_a^0$ 表示路段自由行驶时间；$c_a$ 表示路段的实际通行能力。

给定 OD 需求 $D=300$，假定拥有完全出行信息的出行者占比 $\bar{\omega}=80\%$。第三类出行者服从 Logit 随机分配，其离散参数 $\theta$ 设为 1，路径流调整比率 $\rho=1/n$，服从数量调节的出行者占比为 $\chi$。

固定其他参数，数量调节占比 $\chi$ 分别取值为 20%、50%、70%、90%，整个测试网络的路径交通流演化过程如图 5.2 所示。$\chi$ 表示路网出行者中根据路径舒适性进行出行路径选择决策的出行者比重。由图 5.2 可知，$\chi$ 取值越大，代表路网中根据路径剩余容量进行路径选择的出行者越多，即路径出行时间对出行者路径选择行为影响越小，则路网交通流波动幅度越小。

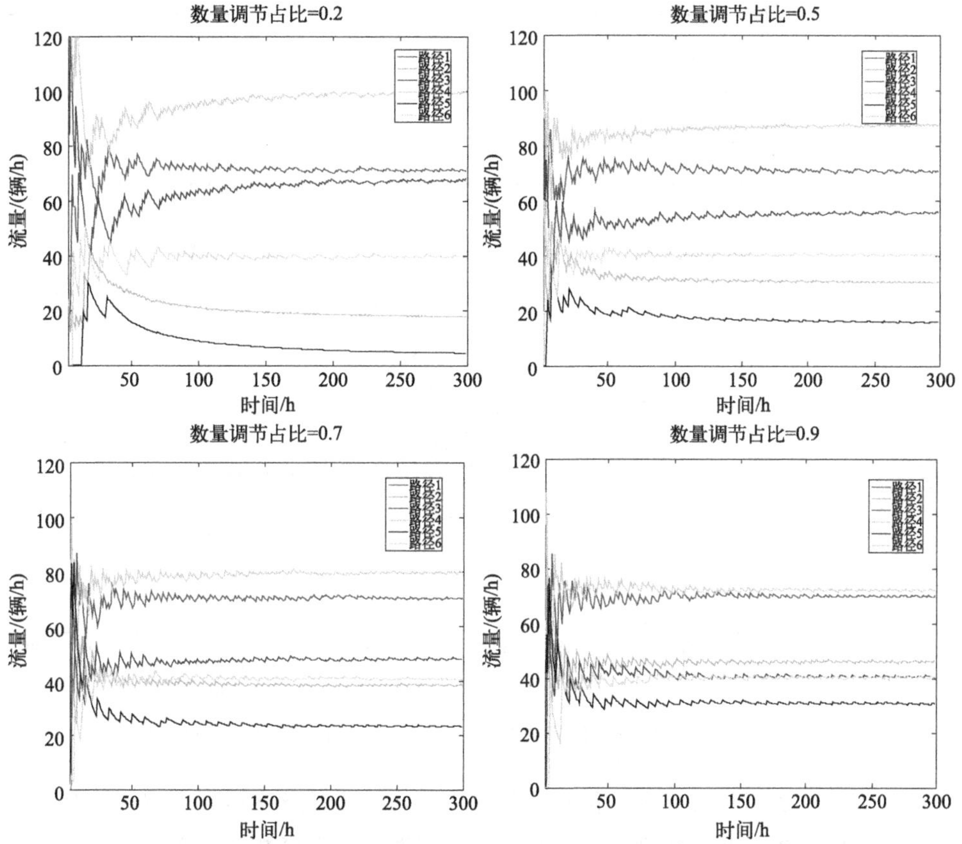


图 5.2　不同数量调节占比下的路网流量演化图

### 5.4.2　小型测试网络

为研究本文提出的路网混合均衡交通流演化模型，首先给定单一 OD 对测试网络如图 5.1，路网参数见表 5.1 和表 5.2，OD 需求 $D=300$，假定拥有完全出行信息的出行者占比 $\bar{\omega}=80\%$，服从数量调节的出行者占比 $\chi=50\%$。第三类出行者服从 Logit 随机分配，其离散参数 $\theta$ 设为 0.5，路径流调整比率 $\rho=1/n$。分析三类出行者的混合均衡交通流演化过程如下。

表 5.3 为第一类出行者混合均衡状态下的均衡路径流量及路径出行时间，图 5.3 为第一类出行者的路径流及路径出行时间的演化过程图。结合可知第一类出行者的路径流量在经过一段波动阶段后逐渐收敛于均衡状态，这一均衡状态即为经典的 Wardrop 用户均衡状态，此时所有路径流大于零的路径都具有相等的路径出行时间-最小出行时间，服从用户均衡准则。

**表 5.3 第一类出行者混合均衡状态下路径流量及路径出行时间**

| 路径 | 路段 | 路径流量/(辆/h) | 路径出行时间/h |
|---|---|---|---|
| 1 | 1、2、9、12 | 27 | 217 |
| 2 | 1、4、8、12 | 0 | 226 |
| 3 | 1、6、8、11 | 34 | 217 |
| 4 | 3、4、7、12 | 38 | 217 |
| 5 | 3、6、7、11 | 0 | 220 |
| 6 | 5、6、7、10 | 21 | 217 |

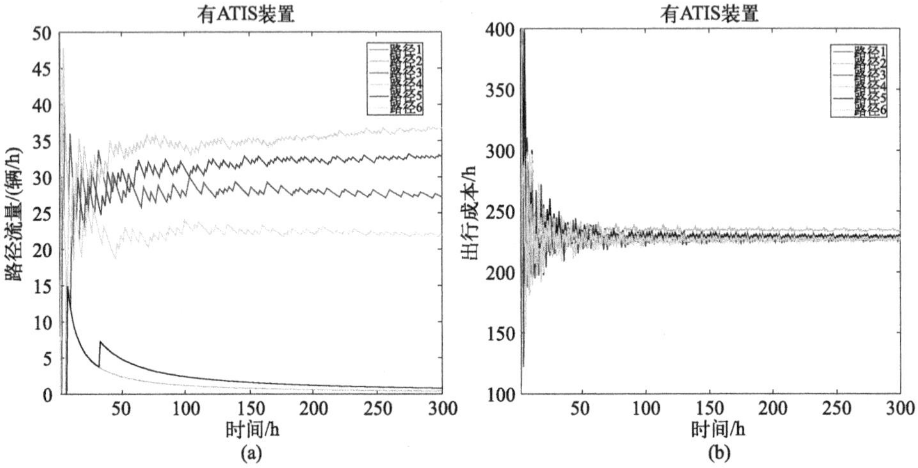


图 5.3 第一类出行者路径流量（a）及路径出行时间（b）演化图

表 5.4 为第二类出行者混合均衡状态下的均衡路径流量及路径剩余容量，图 5.4 为第二类出行者的路径流量及路径剩余容量的演化过程图。结合可知第二类出行者的路径流量在经过一段波动阶段后逐渐收敛于均衡状态，达到均衡状态时所有路径的剩余容量相等，服从数量调节均衡准则。

**表 5.4 第二类出行者混合均衡状态下路径流量及路径剩余容量**

| 路径 | 路段 | 路径流量/(辆/h) | 路径剩余容量/(辆/h) |
|---|---|---|---|
| 1 | 1、2、9、12 | 30 | 30 |
| 2 | 1、4、8、12 | 30 | 30 |
| 3 | 1、6、8、11 | 10 | 30 |
| 4 | 3、4、7、12 | 30 | 30 |
| 5 | 3、6、7、11 | 10 | 30 |
| 6 | 5、6、7、10 | 10 | 30 |

表 5.5 为第三类出行者混合均衡状态下的路径流量及感知路径出行时间，图 5.5 为第三类出行者的路径流量及感知路径出行时间的演化过程图。结合可知第三类出行者路径流量在经过一段波动阶段后逐渐收敛于均衡状态，达到均衡状态时所有路径的感知出行时间

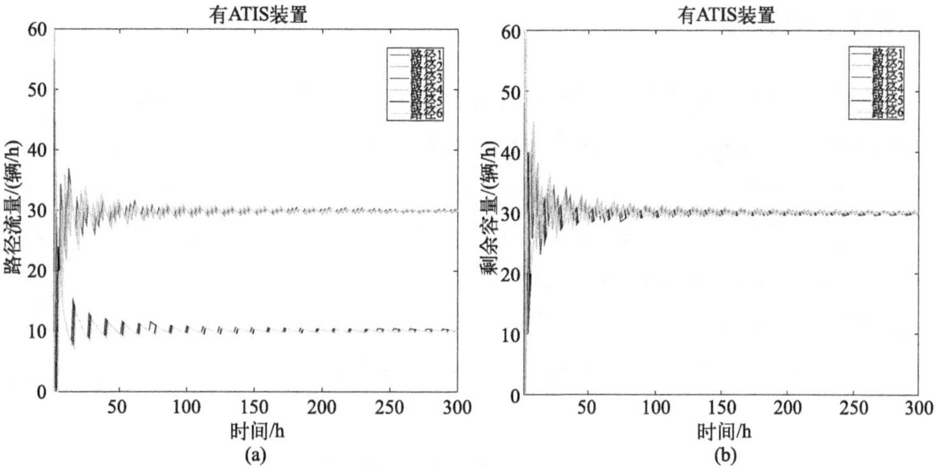


图 5.4　第二类出行者路径流量（a）及路径剩余容量（b）演化图

近似相等，服从随机用户均衡准则。

**表 5.5　第三类出行者混合均衡状态下路径流量及感知路径出行时间**

| 路径 | 路段 | 路径流量/辆 | 感知路径出行时间/h |
|---|---|---|---|
| 1 | 1、2、9、12 | 14 | 224 |
| 2 | 1、4、8、12 | 2 | 225 |
| 3 | 1、6、8、11 | 13 | 225 |
| 4 | 3、4、7、12 | 15 | 224 |
| 5 | 3、6、7、11 | 5 | 226 |
| 6 | 5、6、7、10 | 11 | 226 |

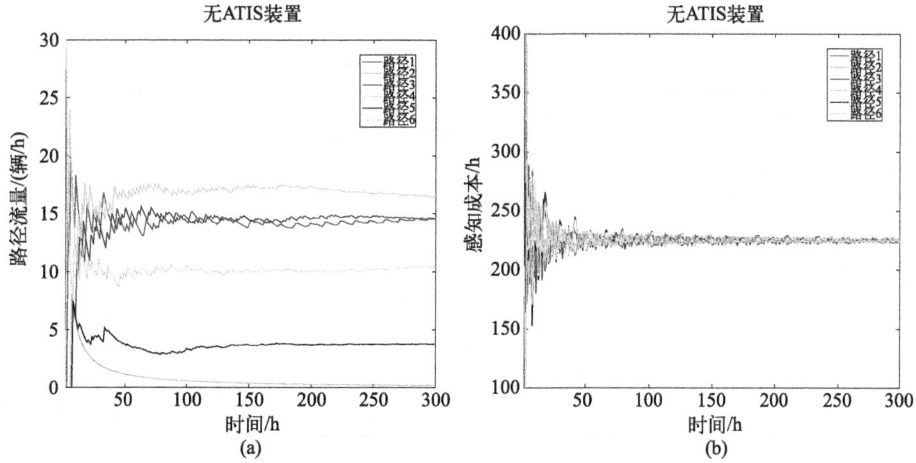


图 5.5　第三类出行者路径流量（a）及感知路径出行时间（b）演化图

### 5.4.3 中型测试网络

给定多 OD 对测试网络[163]，路段出行时间函数参数如图 5.6 和表 5.7 所示。OD 对路径-路段关联关系如表 5.6 所示。给定 OD 需求（$D_{12}$，$D_{13}$，$D_{42}$，$D_{43}$）=（300，300，300，300），假定拥有完全出行信息的出行者占比 $\bar{\omega}=80\%$，服从数量调节的出行者占比 $\chi=50\%$，第三类出行者服从 Logit 型随机分配，其离散参数 $\theta$ 设为 1。为了保证离散型路径流演化模型收敛性，令路径流调整比率 $\rho=1/n$。

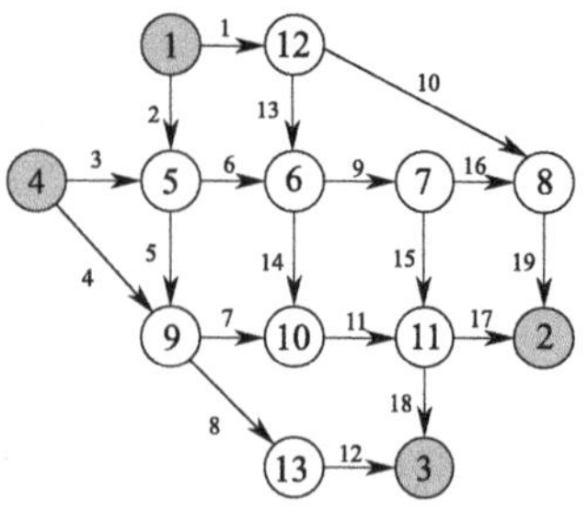

图 5.6 测试交通网络

**表 5.6 OD 对路径-路段关联关系**

| OD | 路径 | 路段 | OD | 路径 | 路段 |
|---|---|---|---|---|---|
| (1,2) | 1 | 1、10、19 | (1,3) | 9 | 2、5、8、12 |
| | 2 | 2、6、9、16、19 | | 10 | 2、6、9、15、18 |
| | 3 | 2、6、9、15、17 | | 11 | 2、6、14、11、18 |
| | 4 | 2,6,14,11,17 | | 12 | 2,5,7,11,18 |
| | 5 | 2,5,7,11,17 | | 13 | 1,13,9,15,18 |
| | 6 | 1,13,9,16,19 | | 14 | 1,13,14,11,18 |
| | 7 | 1,13,9,15,17 | OD | 路径 | 路段 |
| | 8 | 1,13,14,11,17 | (4,2) | 20 | 4,8,12 |
| OD | 路径 | 路段 | | 21 | 4,7,11,18 |
| (4,3) | 15 | 4,7,11,17 | | 22 | 3、5、8、12 |
| | 16 | 3,6,9,16,19 | | 23 | 3、6、9、15、18 |
| | 17 | 3,6,9,15,17 | | 24 | 3、6、14、11、18 |
| | 18 | 3,6,14,11,17 | | 25 | 3、5、7、11、18 |
| | 19 | 3,5,7,11,17 | | | |

**表 5.7 路段行驶时间函数参数**

| 路段 | 1 | 2 | 3 | 4 | 5 | 6 | 7 | 8 | 9 |
|---|---|---|---|---|---|---|---|---|---|
| $t_a$/h | 6 | 5 | 6 | 7 | 6 | 8 | 5 | 10 | 11 |
| $c_a$/(辆/h) | 200 | 200 | 150 | 200 | 100 | 100 | 150 | 150 | 200 |
| 路段 | 10 | 11 | 12 | 13 | 14 | 15 | 16 | 17 | 18 |
| $t_a$/h | 12 | 8 | 6 | 7 | 5 | 9 | 10 | 8 | 5 |
| $c_a$/(辆/h) | 200 | 150 | 150 | 100 | 250 | 200 | 150 | 200 | 100 |

图 5.7 为不同 OD 对间第一类出行者的路径流量及路径出行时间的演化过程图，表 5.8 为第一类出行者混合均衡状态下的路径流量及路径出行时间。

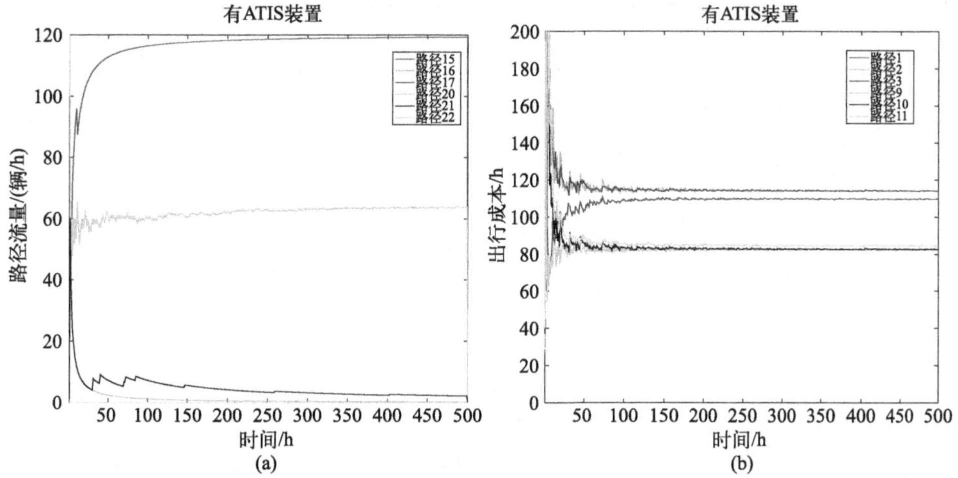


图 5.7　第一类出行者路径流量（a）及路径出行时间（b）演化图

**表 5.8　第一类出行者混合均衡状态下路径流量 *f*（辆/h）及路径出行时间 *c*（h）**

| OD | 路径 | *f* | *c* | OD | 路径 | *f* | *c* | OD | 路径 | *f* | *c* | OD | 路径 | *f* | *c* |
|---|---|---|---|---|---|---|---|---|---|---|---|---|---|---|---|
| (1,2) | 1 | 120 | 110 | (1,3) | 9 | 65 | 82 | (4,2) | 20 | 109 | 85 | (4,3) | 15 | 73 | 117 |
| | 2 | 0 | 114 | | 10 | 3 | 82 | | 21 | 0 | 86 | | 16 | 37 | 117 |
| | 3 | 0 | 114 | | 11 | 0 | 84 | | 22 | 11 | 85 | | 17 | 10 | 117 |
| | 4 | 0 | 116 | | 12 | 0 | 83 | | 23 | 0 | 86 | | 18 | 0 | 119 |
| | 5 | 0 | 114 | | 13 | 52 | 82 | | 24 | 0 | 87 | | 19 | 0 | 118 |
| | 6 | 0 | 114 | | 14 | 0 | 84 | | 25 | 0 | 86 | | | | |
| | 7 | 0 | 114 | | | | | | | | | | | | |
| | 8 | 0 | 116 | | | | | | | | | | | | |

图 5.8 为不同 OD 对间第二类出行者的路径流及路径剩余容量的演化过程图，表 5.9 为第二类出行者混合均衡状态下的路径流量及路径剩余容量。

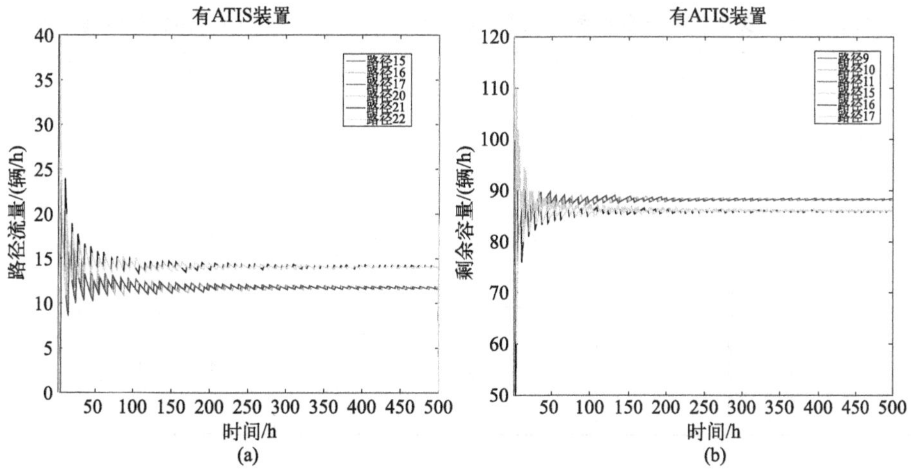


图 5.8　第二类出行者路径流量（a）及路径剩余容量（b）演化图

**表 5.9　第二类出行者混合均衡状态下路径流量 $\hat{f}$（辆/h）及路径剩余容量 $s$（辆/h）**

| OD | 路径 | $\hat{f}$ | $s$ | OD | 路径 | $\hat{f}$ | $s$ | OD | 路径 | $\hat{f}$ | $s$ | OD | 路径 | $\hat{f}$ | $s$ |
|---|---|---|---|---|---|---|---|---|---|---|---|---|---|---|---|
| (1,2) | 1 | 9 | 91 | (1,3) | 9 | 12 | 88 | (4,2) | 20 | 53 | 97 | (4,3) | 15 | 64 | 86 |
| | 2 | 9 | 91 | | 10 | 12 | 88 | | 21 | 53 | 97 | | 16 | 14 | 86 |
| | 3 | 9 | 91 | | 11 | 12 | 88 | | 22 | 3 | 97 | | 17 | 14 | 86 |
| | 4 | 9 | 91 | | 12 | 12 | 88 | | 23 | 3 | 97 | | 18 | 14 | 86 |
| | 5 | 9 | 91 | | 13 | 62 | 88 | | 24 | 3 | 97 | | 19 | 14 | 86 |
| | 6 | 9 | 91 | | 14 | 12 | 88 | | 25 | 3 | 97 | | | | |
| | 7 | 59 | 91 | | | | | | | | | | | | |
| | 8 | 9 | 91 | | | | | | | | | | | | |

图 5.9 为不同 OD 对间第三类出行者的路径流量及感知路径出行时间的演化过程图，表 5.10 为第三类出行者混合均衡状态下的路径流量及感知路径出行时间。

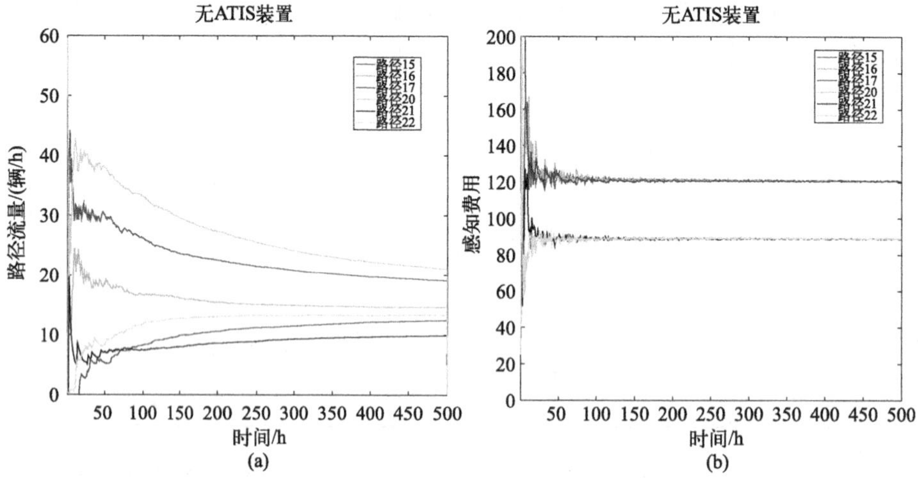


图 5.9　第三类出行者路径流量（a）及感知路径出行时间（b）演化图

**表 5.10　第三类出行者混合均衡状态下路径流量 $\bar{f}$（辆/h）及感知路径出行时间 $\hat{c}$（h）**

| OD | 路径 | $\bar{f}$ | $\hat{c}$ | OD | 路径 | $\bar{f}$ | $\hat{c}$ | OD | 路径 | $\bar{f}$ | $\hat{c}$ | OD | 路径 | $\bar{f}$ | $\hat{c}$ |
|---|---|---|---|---|---|---|---|---|---|---|---|---|---|---|---|
| (1,2) | 1 | 50 | 114 | (1,3) | 9 | 20 | 86 | (4,2) | 20 | 21 | 89 | (4,3) | 15 | 19 | 120 |
| | 2 | 1 | 114 | | 10 | 10 | 86 | | 21 | 10 | 89 | | 16 | 15 | 120 |
| | 3 | 2 | 114 | | 11 | 1 | 86 | | 22 | 13 | 89 | | 17 | 12 | 120 |
| | 4 | 1 | 115 | | 12 | 9 | 86 | | 23 | 8 | 89 | | 18 | 2 | 120 |
| | 5 | 1 | 114 | | 13 | 18 | 86 | | 24 | 1 | 89 | | 19 | 12 | 120 |
| | 6 | 3 | 114 | | 14 | 2 | 86 | | 25 | 7 | 89 | | | | |
| | 7 | 1 | 115 | | | | | | | | | | | | |
| | 8 | 1 | 115 | | | | | | | | | | | | |

### 5.4.4　结果分析

模型的演算结果表明如下：

① 三类出行交通流在经过一段波动阶段后都逐渐收敛于均衡状态，其中第一类路径流服从用户均衡准则，收敛于用户均衡状态；第二类路径流服从数量调节用户均衡准则，收敛于数量调节用户均衡状态；第三类路径流服从随机用户均衡准则，收敛于随机用户均衡状态。

② 路网中根据路径剩余容量指标进行路径选择的出行者越多，即路径出行时间对出行者路径选择行为影响越小，则路网交通流波动幅度越小。

# 第6章 考虑非可加路径费用的多准则-多用户类交通流均衡调节

前述章节主要研究经济学非均衡理论中价格-数量调节原理作用下的路径选择行为准则多样性对交通流运行状态和演化过程的影响，其中数量调节原理的影响选取了路径剩余容量指标，路径剩余容量是路径最大交通容量与路径流量之差，是路径流量的一种间接表达，用以反映路径的出行舒适程度。显然，路径流量与路段流量之间具有不可加合性。而价格调节原理对出行者路径选择行为的影响通过路径出行时间这一指标刻画，且认为路径出行时间是可加的，等于该路径所包含全部路段的出行时间之和。

然而在实际的道路交通系统中，价格因素并不仅仅包括路网出行时间，还包括其他费用支出，例如油耗、管理费用和过路费等，而这些都是路径出行费用的组成部分，且路径出行费用与所包含路段的出行费用之间不是简单的相加关系。如前所述，现有的研究成果通常将路网出行费用简化考虑为出行时间，很少考虑其他出行费用对出行者路径选择行为的影响，特别是很少在路径费用不可加的环境下考虑不同路径选择行为的交通流调整过程研究。即使有部分研究针对非可加费用的交通分配问题展开相应的研究[164-168]，但这些研究也并未考虑数量调节原理存在情况下多种路径选择行为准则的混合交通流均衡问题。

因此，本章考虑路径费用不可加条件下的价格-数量混合调节原理，将路径快捷性选择行为准则扩展定义为路径经济性选择行为准则，根据不同路径选择行为准则对出行者进行分类，研究基于非可加路径费用的多路径选择准则下多用户类混合均衡交通流的演化过程。阐述了考虑非可加路径费用的多准则-多用户类混合均衡问题及其均衡条件，给出了等价互补松弛问题，论证了模型解的存在性和唯一性，并进一步讨论了模型求解算法，通过数值模拟对混合均衡演化过程进行了验证和讨论，分析结果发现考虑路径费用不可加条件的路网交通流演化轨迹收敛速度更快。

## 6.1 考虑非可加费用的路径选择行为准则

### 6.1.1 路径经济性选择行为准则

将路网出行者分成两组，第一组出行者遵循路径经济性选择准则，选择 OD 对间最经济的路径出行。这里经济是指在交通运输中对时间和金钱等物质资源的节约和有效利用。这可能受到各种因素的影响，如出行速度、通行费、票价、排放费和汽油价格等。近年来，人们普遍采用一般路径成本作为路径经济水平的衡量指标。

根据路径经济选择准则，在网络交通流分析研究中有三种著名的网络均衡状态。在路径决策过程中，出行者通过调整路径来减少自身实际出行时间，形成用户均衡；出行者通过调整路径来减少系统总出行时间，形成系统最优路径；出行者通过调整路径来减少自身感知到的出行时间，形成随机用户均衡。总的来说，这三种均衡假设都反映了出行者的成本最小化行为，但出行成本的表达形式不同。本章采用非可加的路径出行费用作为衡量路径经济程度的指标，这是交通经济成本的一般表达形式，反映出行时间和金钱消耗对路径决策过程的影响。

### 6.1.2　路径舒适性选择行为准则

第二组出行者遵循路径舒适性选择行为准则，出行者选择连接 OD 对间最舒适路径出行。这类出行者在进行路径选择时不追求尽快到达目的地，而是希望行驶过程尽量舒适。本文将路径车流量大小作为路径舒适性主要指标，出行者根据可选路径上交通流的大小选择出行路径，为刻画这一选择行为，选取路径剩余容量作为反映路网舒适性程度的指标，路径剩余容量是路径最大交通容量与路径流量之差，是路径流量的一种间接表达，它不仅考虑了路径的通行能力大小，而且反映了该路径的出行舒适度，剩余容量大的路径服务水平、道路设施、通畅程度、行驶体验感等均高于剩余容量小的可选路径，其出行舒适性好，反之亦然。

### 6.1.3　非可加路径费用

给定路段-路径关联矩阵 $\boldsymbol{\Delta}=[\delta_w^{ar}]$，显然路段流向量 $\boldsymbol{x}$ 可根据下式由路径流向量 $\boldsymbol{f}$ 求得：

$$\boldsymbol{x}=\boldsymbol{\Delta f} \tag{6.1}$$

而路网总的路径流由两组出行者的出行交通流组成，即：

$$F_w^r=f_w^r+\hat{f}_w^r \tag{6.2}$$

假定 $t_a=t_a(x_a)$ 为路段 $a\in A$ 的路段出行时间函数，是关于路段流 $x_a$ 单调递增可微的正函数。此外，假设其他未说明的路网函数均为连续函数。

给定综合路径出行费用函数为[164]：

$$C_w^r(f_w^r)=\Lambda_w^r(f_w^r)+\sum_{a\in A}\delta_w^{ar}\eta_1 t_a(x_a)+g_w^r(\sum_{a\in A}\delta_w^{ar}t_a(x_a)) \tag{6.3}$$

或

$$C(\boldsymbol{f})=\Lambda(\boldsymbol{f})+\eta_1\boldsymbol{\Delta}^{\mathrm{T}}t(\boldsymbol{\Delta f})+g(\boldsymbol{\Delta}^{\mathrm{T}}t(\boldsymbol{\Delta f})) \tag{6.4}$$

式中，$\Lambda_w^r$ 表示 OD 对 $w$ 间路径 $r$ 特定的金融费用，如通行费等，它随着流量水平的变化而变化以适应不同的收费系统；$\eta_1$ 表示与运行时间相关的维护费用，如油耗等；$g_w^r(\cdot)$

则表示将路段 $a$ 的出行时间转化为费用的非负函数。

## 6.2 多准则-多用户类混合交通流均衡问题

### 6.2.1 混合均衡

路径经济性用户均衡准则：假设所有出行者追寻出行费用最小化，这与传统的 Wardrop 用户均衡一致，因此很容易理解和接受。这类出行者的出行路径调整行为所产生的交通流演化会收敛至 Wardrop 用户均衡状态，在这一均衡状态下，路网中所有被使用路径的出行费用相等且不大于未被使用的其他路径出行费用，其均衡条件为：

$$\begin{cases} f_w^r>0, C_w^r(f_w^r,\hat{f}_w^r)=u_w \\ f_w^r=0, C_w^r(f_w^r,\hat{f}_w^r)\geqslant u_w \end{cases}, r\in R_w, w\in W \tag{6.5}$$

式中，$u_w=\min\limits_{w\in W}C_w^r(f_w^r,\hat{f}_w^r)$ 表示 OD 对 $w\in W$ 间的最小出行费用；$C_w^r$ 为考虑非可加费用条件后的综合路径出行费用。

$K_a$ 表示路段 $a\in A$ 的交通容量，则可得路径 $r\in R_w$ 的最大交通容量为：

$$K_r=\min(\delta_w^{ra}K_a) \tag{6.6}$$

在短期交通演化行为研究中，一般认定路段容量是固定不变的。假设路径 $r\in R_w$ 的剩余容量非负且关于路径流严格单调递减，表示为：

$$s_w^r(f_w^r,\hat{f}_w^r)=K_r-f_w^r \tag{6.7}$$

路径舒适性用户均衡准则假设所有出行者选择剩余容量最大的路径出行，且会向剩余容量大于当前路径剩余容量的可选路径转移，直至路网所有路径的剩余容量相等，达到均衡状态，在这均衡状态下，路网中所有被使用路径的剩余容量相等且不小于未被使用的其他路径剩余容量，其均衡条件为：

$$\begin{cases} \hat{f}_w^r>0, s_w^r(f_w^r,\hat{f}_w^r)=v_w \\ \hat{f}_w^r=0, s_w^r(f_w^r,\hat{f}_w^r)\leqslant v_w \end{cases}, r\in R_w, w\in W \tag{6.8}$$

式中，$v_w=\max\limits_{r\in R_w}\{s_w^r(f_w^r,\hat{f}_w^r)\}$表示 OD 对 $w\in W$ 间的最大剩余容量。

### 6.2.2 多准则-多用户类混合交通流均衡条件

综上所述可得，结合交通需求函数的路径经济性用户均衡条件可表示为：

$$f_w^r(C_w^r-u_w)=0, \forall r\in R_w, \forall w\in W \tag{6.9a}$$

$$C_w^r-u_w\geqslant 0, \forall r\in R_w, \forall w\in W \tag{6.9b}$$

$$\sum_{w\in W} f_w^r=q_w, \forall w\in W \tag{6.9c}$$

$$\boldsymbol{f} \geqslant 0, \boldsymbol{u} \geqslant 0 \tag{6.9d}$$

互补松弛条件式(6.9a)、式(6.9b) 和式(6.9d) 与经济性用户均衡调节准则一致：所有被使用路径的出行费用均等于最小出行费用，且小于等于所有未被使用路径的出行费用。

结合交通需求函数的路径舒适性，用户均衡条件可表示为：

$$\hat{f}_w^r(v_w - s_w^r) = 0, \forall r \in R_w, \forall w \in W \tag{6.10a}$$

$$v_w - s_w^r \geqslant 0, \forall r \in R_w, \forall w \in W \tag{6.10b}$$

$$\sum_{w \in W} \hat{f}_w^r = \hat{q}_w, \forall w \in W \tag{6.10c}$$

$$\hat{\boldsymbol{f}} \geqslant 0, \boldsymbol{v} \geqslant 0 \tag{6.10d}$$

互补松弛条件式(6.10a)，式(6.10b) 和式(6.10d) 与舒适性用户均衡调节准则一致：所有被使用路径的剩余容量均等于最大剩余容量，且大于等于所有未被使用路径的剩余容量。

因此，混合均衡系统可表示为：

$$f_w^r(C_w^r - u_w) = 0, \forall r \in R_w, \forall w \in W \tag{6.11a}$$

$$C_w^r - u_w \geqslant 0, \forall r \in R_w, \forall w \in W \tag{6.11b}$$

$$\hat{f}_w^r(v_w - s_w^r) = 0, \forall r \in R_w, \forall w \in W \tag{6.11c}$$

$$v_w - s_w^r \geqslant 0, \forall r \in R_w, \forall w \in W \tag{6.11d}$$

$$\sum_{w \in W} f_w^r = q_w, \sum_{w \in W} \hat{f}_w^r = \hat{q}_w, \forall w \in W \tag{6.11e}$$

$$\boldsymbol{f} \geqslant 0, \hat{\boldsymbol{f}} \geqslant 0, \boldsymbol{u} \geqslant 0, \boldsymbol{v} \geqslant 0 \tag{6.11f}$$

根据路径行为假设，令 $q_w = D_w\ (u)$，$\forall w \in W$ 表示与 OD 对间（最小）出行费用相关的需求函数，并假设该函数为非负且严格单调递减的可微函数。令 $\hat{q}_w = \hat{D}_w\ (v)$，$\forall w \in W$ 表示与 OD 对间（最大）剩余容量相关的需求函数，并假设该函数为非负且严格单调递增的可微函数。当 $D_w(\cdot)$ 和 $\hat{D}_w(\cdot)$ 固定时，则转化为弹性需求问题的特例——固定需求均衡问题。

## 6.3 模型特性分析

### 6.3.1 等价性互补松弛问题

根据非可加路径费用函数式(6.3)，可将混合均衡问题转化为下列互补松弛问题[60,169]：

$$\begin{cases} \boldsymbol{y}^{\mathrm{T}} \cdot F(\boldsymbol{y}) = 0 \\ F(\boldsymbol{y}) \geqslant 0 \\ \boldsymbol{y} \geqslant 0 \end{cases} \tag{6.12}$$

式中，$\boldsymbol{y}=\begin{pmatrix} f_w^r, \forall r\in R, \forall w\in W \\ u_w, \forall w\in W \\ \hat{f}_w^r, \forall r\in R, \forall w\in W \\ v_w, \forall w\in W \end{pmatrix}$，$F(\boldsymbol{y})=\begin{pmatrix} C_w^r-u_w, \forall r\in R_w, \forall w\in W \\ \sum_{w\in W} f_w^r-D_w(u), \forall w\in W \\ v_w-s_w^r, \forall r\in R_w, \forall w\in W \\ \hat{D}_w(v)-\sum_{w\in W}\hat{f}_w^r, \forall w\in W \end{pmatrix}$。

当且仅当出行费用函数为正且需求函数非负时，上述互补松弛问题等价于混合均衡交通分配问题。

命题 6.1：假设 $C$ 和 $s$ 为正函数，$D$ 和 $\hat{D}$ 为非负函数，则交通均衡问题式(6.11) 等价于非线性互补松弛问题式(6.12)。

证明：根据 Aashtiani 和 Magnanti 论证的命题 4.1（详见参考文献中的定理 4.1）可知[60]，显然，这一等价性问题只需证明式(6.11) 的所有解都是式(6.12) 的解即可。

采用反证法假设存在向量 $\boldsymbol{y}$ 满足式(6.12)，但存在 $w\in W$ 使得 $\sum_{w\in W} f_w^r-D_w(u)>0$。由等式 $u_w(\sum_{w\in W} f_w^r-D_w(u))=0$ 可得 $u_w=0$。而 $D$ 为非负函数，有 $\sum_{w\in W} f_w^r>D_w(u)\geqslant 0$，则存在路径 $r\in R_w$ 满足 $f_w^r>0$。然而，针对这一路径，由等式$(C_w^r-u_w)f_w^r=0$ 可得 $C_w^r-u_w=0$ 或 $C_w^r=u_w$。结合 $u_w=0$ 可知 $C_w^r=0$，与假设 $C_w^r>0$ 相矛盾。因此 $\sum_{w\in W} f_w^r=D_w(u)$ 。

同理，假设存在向量 $\boldsymbol{y}$ 满足等式(6.12)，但存在 $w\in W$ 使得 $\hat{D}_w(v)-\sum_{w\in W}\hat{f}_w^r>0$。由等式 $v_w(\hat{D}_w(v)-\sum_{w\in W}\hat{f}_w^r)=0$ 可得 $v_w=0$。而 $\hat{D}$ 为非负函数，$\hat{D}_w(v)>\sum_{w\in W}\hat{f}_w^r$ 和 $\hat{D}_w(v)\geqslant 0$ 可得，存在路径 $r\in R_w$ 满足 $\hat{f}_w^r>0$。然而，针对这一路径，由等式（$v_w-s_w^r$）$\hat{f}_w^r=0$ 可得 $v_w-s_w^r=0$ 或 $s_w^r=v_w$。结合 $v_w=0$ 可知 $s_w^r=0$，与假设 $s_w^r>0$ 相矛盾。因此 $\hat{D}_{\mathrm{w}}(\mathrm{v})=\sum_{w\in W}\hat{f}_w^r$ 。得证。

### 6.3.2 解的存在性

本节阐述考虑非可加路径出行费用的混合均衡模型解的存在性问题，如 Aashtiani 和 Magnanti 论证的定理 5.3（详见参考文献中的定理 5.3）所述[60]。

定理 6.1：若为 $C_w^r(f)$ 和 $s_w^r(f)$ 为非负函数，$D_w(u)$ 有上界，$\hat{D}_w$（$v$）有下界，则非线性互补松弛问题式(6.12) 存在解。

证明：令 $F_w(f)=\sum_{w\in W} f_w^r$ 和 $\hat{F}_w(\hat{f})=\sum_{w\in W}\hat{f}_w^r$ 表示 OD 对 $w\in W$ 间两类出行者的出行流量，$q$ 和 $\hat{q}$ 表示由元素 $|\boldsymbol{R}|$、$|\boldsymbol{W}|$ 组成的单位向量。

求证下列互补松弛问题解的存在性：

$$\left.\begin{aligned}
&f_w^r(C_w^r-u_w)=0\\
&C_w^r-u_w\geqslant 0\\
&u_w(F_w(f)-D_w(u))=0\\
&F_w(f)-D_w(u)\geqslant 0\\
&\hat{f}_w^r(v_w-s_w^r)=0\\
&v_w-s_w^r\geqslant 0\\
&v_w(\hat{D}_w(v)-\hat{F}_w(\hat{f}))=0\\
&\hat{D}_w(v)-\hat{F}_w(\hat{f})\geqslant 0\\
&f_w^r\geqslant 0,\hat{f}_w^r\geqslant 0,u_w\geqslant 0,v_w\geqslant 0
\end{aligned}\right\}\forall r\in R_w,\forall w\in W \tag{6.13}$$

令 $K_1>0$ 满足 $K_1>\max\limits_{w}\max\limits_{u\geqslant 0}D_w(u)$，$K_2\geqslant K_1$ 满足 $K_2>\max\limits_{r\in R_w}\max\limits_{0\leqslant\bar{f}\leqslant\bar{K}_1\bar{q}}C_w^r(f)$，而 $\hat{K}_1>0$ 满足 $\hat{K}_1<\min\limits_{w}\min\limits_{v\geqslant 0}\hat{D}_w(v)$，$\hat{K}_2\geqslant\hat{K}_1$ 满足 $\hat{K}_2<\min\limits_{r\in R_w}\min\limits_{0\leqslant\hat{f}\leqslant\hat{K}_1\bar{q}}s_w^r(f)$。根据 $D_w(u)$ 有上界，假设可知存在 $K_1$，且 $\hat{D}_w(v)$ 有下界，得 $\hat{K}_1$，而 $C_w^r(f)$ 和 $s_w^r(f)$ 为连续的所以 $K_2$ 和 $\hat{K}_2$ 存在（$K_1$、$\hat{K}_1$、$K_2$、$\hat{K}_2$ 用于论证解的性质，所以假设存在的某一个数值，$K_1$ 和 $K_2$ 代表第一类出行者，$\hat{K}_1$、$\hat{K}_2$ 代表第二类出行者）。

连续映射$\{0\leqslant f\leqslant K_1q,\ 0\leqslant\hat{f}\leqslant\hat{K}_1q,\ 0\leqslant u\leqslant K_2\hat{q},\ 0\leqslant v\leqslant\hat{K}_2\hat{q}\}$由下列等式定义：

$$\phi_r(f,u)=\min\{K_1,[f_w^r+u_w-C_w^r(f)]^+\},\forall r\in R_w,\forall w\in W \tag{6.14a}$$

$$\phi_w(f,u)=\min\{K_2,[u_w+D_w(u)-F_w(f)]^+\},\forall w\in W \tag{6.14b}$$

$$\phi_r(\hat{f},v)=\min\{\hat{K}_1,[\hat{f}_w^r+s_w^r(f)-v_w]^+\},\forall r\in R_w,\forall w\in W \tag{6.14c}$$

$$\phi_w(\hat{f},v)=\min\{\hat{K}_2,[v_w+\hat{F}_w(\hat{f})-\hat{D}_w(v)]^+\},\forall w\in W \tag{6.14d}$$

由不动点理论可知这一映射存在不动点$(f^*,u^*,\hat{f}^*,v^*)$；即 $\forall r\in R_w,\forall w\in W$，$f_w^{r*}=\phi_r(f^*,u^*),u_w^*=\phi_w(f^*,u^*),\hat{f}_w^{r*}=\phi_r(\hat{f}^*,v^*),v_w^*=\phi_w(\hat{f}^*,v^*)$。

下面论证这一不定点可求解互补松弛问题：$\forall r\in R_w$，$\forall w\in W$

$$\begin{aligned}
&f_w^{r*}=[f_w^{r*}+u_w^*-C_w^r(f^*)]^+,u_w^*=[u_w^*+D_w(u^*)-F_w(f^*)]^+\\
&\hat{f}_w^{r*}=[\hat{f}_w^{r*}+s_w^r(f^*)-v_w^*]^+,v_w^*=[v_w^*+\hat{F}_w(\hat{f}^*)-\hat{D}_w(v^*)]^+
\end{aligned} \tag{6.15}$$

假设存在 $u_w^*=K_2$，根据 $K_2$ 的定义，可得 $u_w^*=K_2>\max\limits_{r\in R_w}\max\limits_{0\leqslant\bar{f}\leqslant\bar{K}_1\bar{q}}C_w^r(f)\geqslant C_w^r$

$(f^*)$ 和 $u_w^*-C_w^r(f^*)>0$，即对任意 $r\in R_w$，有 $f_w^{r*}+u_w^*-C_w^r(f^*)>f_w^{r*}$，则由 $f_w^{r*}=\phi_r(f^*,u^*)$可知 $f_w^{r*}=\min\{K_1,[f_w^r+u_w-C_w^r(f)]^+\}=K_1$。而由 $K_1$ 的定义可得 $F_w(f^*)=\sum_{w\in W}f_w^{r*}=K_1q>\max_w\max_{u\geqslant 0}D_w(u)\geqslant D_w(u^*)$，因此 $u_w^*>u_w^*+D_w(u^*)-F_w(f^*)$；由 $u_w^*=\phi_w(f^*,u^*)=\min\{K_2,[u_w+D_w(u)-F_w(f)]^+\}$ 可知 $0\leqslant u_w^*\leqslant[u_w^*+D_w(u^*)-F_w(f^*)]^+$，则有 $u_w^*=0$，与 $u_w^*=K_2$ 相矛盾。因此 $u_w^*<K_2$，$\forall w\in W$ 且 $u_w^*=\phi_w(f^*,u^*)=[u_w^*+D_w(u^*)-F_w(f^*)]^+$。

假设存在 $f_w^{r*}=K_1$，$w\in W$，$r\in R_w$，根据 $K_1$ 的定义有 $D_w(u^*)<F_w(f^*)$，同上可得 $u_w^*=0$。当 $C_w^r(f^*)>0$ 时有 $f_w^{r*}>f_w^{r*}+u_w^*-C_w^r(f^*)$。且由 $f_w^{r*}=K_1=\phi_r(f^*,u^*)=\min\{K_1,[f_w^r+u_w-C_w^r(f)]^+\}>0$ 可知 $0<f_w^{r*}\leqslant[f_w^{r*}+u_w^*-C_w^r(f^*)]^+$。因此 $C_w^r(f^*)=0,f_w^{r*}=\phi_r(f^*,u^*)=[f_w^{r*}+u_w^*-C_w^r(f^*)]^+$。

同理，假设存在 $v_w^*=\hat{K}_2$，其中 $\hat{K}_2<\min_{r\in R_w}\min_{0\leqslant\hat{f}\leqslant\hat{K}_1\bar{q}}s_w^r(f)$，于是 $v_w^*=\hat{K}_2<s_w^r(f^*)$，$s_w^r(f^*)-v_w^*>0$，则对任意 $r\in R_w$ 有 $\hat{f}_w^{r*}<\hat{f}_w^{r*}+s_w^r(f^*)-v_w^*$。由 $\hat{f}_w^{r*}=\phi_r(\hat{f}^*,v^*)$可得 $\hat{f}_w^{r*}=\min\{\hat{K}_1,[\hat{f}_w^r+s_w^r(f)-v_w]^+\}=\hat{K}_1$。然而根据 $\hat{K}_1$ 的定义可得 $\hat{F}_w(\hat{f}^*)=\sum_{w\in W}\hat{f}_w^{r*}=\hat{K}_1\bar{q}<\min_w\min_{v\geqslant 0}\hat{D}_w(v)\leqslant\hat{D}_w(v^*)$，即 $v_w^*>v_w^*+\hat{F}_w(\hat{f}^*)-\hat{D}_w(v^*)$；而 $v_w^*=\phi_w(\hat{f}^*,v^*)=\min\{\hat{K}_2,[v_w+\hat{F}_w(\hat{f})-\hat{D}_w(v)]^+\}$，则有 $v_w^*\leqslant[v_w+\hat{F}_w(\hat{f})-\hat{D}_w(v)]^+$，因此 $v_w^*=0$。与 $v_w^*=\hat{K}_2$ 相矛盾，可知 $v_w^*<\hat{K}_2$，$\forall w\in W$，且 $v_w^*=\phi_w(\hat{f}^*,v^*)=[v_w^*+\hat{F}_w(\hat{f}^*)-\hat{D}_w(v^*)]^+$。

由 $\hat{K}_1$ 的定义可得 $\hat{F}_w(\hat{f}^*)\leqslant\hat{D}_w(v^*)$，同上可得 $v_w^*=0$。当 $\hat{f}_w^{r*}<\hat{K}_1$ 时可得 $\hat{f}_w^{r*}=\phi_r(\hat{f}^*,v^*)=[\hat{f}_w^{r*}+s_w^r(f^*)-v_w^*]^+<\hat{K}_1$ 且 $s_w^r(f^*)=0$。当 $\hat{f}_w^{r*}=\hat{K}_1$ 时由 $v_w^*$ 的定义和 $s_w^r(f^*)\geqslant 0$ 可推 $v_w^*=\max_{r\in R_w}\{s_w^r(f_w^{r*})\}=0$，即有 $s_w^r(f^*)=0$。

则可得 $\hat{K}_1=\hat{f}_w^{r*}=\phi_r(\hat{f}^*,v^*)=\min\{\hat{K}_1,[\hat{f}_w^r+s_w^r(f)-v_w]^+\}=[\hat{f}_w^{r*}+s_w^r(f^*)-v_w^*]^+$。因此 $s_w^r(f^*)=0,\hat{f}_w^{r*}=\phi_r(\hat{f}^*,v^*)=[\hat{f}_w^{r*}+s_w^r(f^*)-v_w^*]^+$。

综上可得等式(6.15)，即在 $f_w^r\geqslant 0$，$u_w\geqslant 0$ 且 $\hat{f}_w^r\geqslant 0$，$v_w\geqslant 0$ 时，$(f^*,u^*,\hat{f}^*,v^*)$ 为互补松弛问题式(6.12) 的解。

### 6.3.3 解的唯一性

如上所述，交通均衡问题式(6.11) 与非线性互补松弛问题式(6.12) 等价，而一般非线性互补松弛问题解的唯一性由 Karamardian[170] 进行了证明，此处不作阐述。

定理 6.2：当函数 $F$ 在可行域内连续且严格单调，非线性互补松弛问题式(6.12) 存在唯一解。

在考虑路径费用非可加情况下，每一个路段流模式可由多种不同路径流模式产生，这也就意味着关于路径流的均衡条件是不唯一的。然而，每一个特定的路段流模式只存在唯一的路径流模式。因此，下面讨论变量 $u$、$v$、$x$ 的唯一性。对路段时间函数 $t$、经济费用函数 $A$ 和转化函数 $g$ 将进行附加约束。本节假设所有涉及对函数均多次可微。除特定陈述外，假设函数 $C_w^r(f)$ 和 $s_w^r(f)$ 为正函数，$D_w(u)$ 非负严格单调递减且有上界，$\hat{D}_w(v)$ 非负严格单调递增且有下界。

理论 3：假定条件如下

① $t$ 可微且严格单调递增；

② $\Lambda$ 可微且严格单调递增；

③ $g'_w(m_w)=\alpha(m)\geqslant\gamma>0$，$\forall w\in W$；

④ $-D$ 为需求函数的负函数，$\hat{D}$ 严格单调递增。

其中 $m=\boldsymbol{\Delta}^{\mathrm{T}}t(\boldsymbol{\Delta f})$，则有（$x$，$u$，$v$）唯一。

证明：令 $F_w(f)=\sum\limits_{w\in W}f_w^r$ 和 $\bar{F}_w(\hat{f})=\sum\limits_{w\in W}\hat{f}_w^r$ 表示 OD 对 $w\in W$ 间两类出行者的出行流量。假设 $y^1=(f^1,u^1,\hat{f}^1,v^1)^{\mathrm{T}}$，$y^2=(f^2,u^2,\hat{f}^2,v^2)^{\mathrm{T}}$，$y^1\neq y^2$，为两个解。则由解的非负性和互补松弛性可得：

$$\begin{cases}F(y^1)^{\mathrm{T}}(y-y^1)\geqslant 0\\ F(y^2)^{\mathrm{T}}(y-y^2)\geqslant 0\end{cases}\tag{6.16}$$

简化得：

$$[F(y^1)-F(y^2)]^{\mathrm{T}}(y^1-y^2)\leqslant 0\tag{6.17}$$

即：

$$\begin{aligned}&[C^1(f^1)-u^1-C^2(f^2)+u^2](f^1-f^2)+[F^1-D(u^1)-F^2+D(u^2)](u^1-u^2)\\&+[v^1-s^1(\hat{f}^1)-v^2+s^2(\hat{f}^2)](\hat{f}^1-\hat{f}^2)+[\hat{D}(v^1)-\hat{F}^1-\hat{D}(v^2)+\hat{F}^2](v^1-v^2)\leqslant 0\end{aligned}\tag{6.18}$$

或

$$\begin{aligned}&[C^1(f^1)-C^2(f^2)](f^1-f^2)+[-D(u^1)+D(u^2)](u^1-u^2)\\&+[-s^1(\hat{f}^1)+s^2(\hat{f}^2)](\hat{f}^1-\hat{f}^2)+[\hat{D}(v^1)-\hat{D}(v^2)](v^1-v^2)\leqslant 0\end{aligned}\tag{6.19}$$

则有：

$$\begin{cases}[C^1(f^1)-C^2(f^2)](f^1-f^2)=0\\ [-D(u^1)+D(u^2)](u^1-u^2)=0\\ [-s^1(\hat{f}^1)+s^2(\hat{f}^2)](\hat{f}^1-\hat{f}^2)=0\\ [\hat{D}(v^1)-\hat{D}(v^2)](v^1-v^2)=0\end{cases}\tag{6.20}$$

则由 $-D$ 的严格单调性可得 $u$ 为唯一的，由 $\hat{D}$ 的严格单调性可得 $v$ 也是唯一的。

下面讨论路段流 $x$ 的唯一性。

令 $f^1 f^2$ 为满足 $x^1=\Delta f^1$，$x^2=\Delta f^2$ 的两个解，且 $x^1 \neq x^2$。根据条件①②③和文献 [164] 中的理论 2.2 可知，$C$ 单调递增且等式 $[C(f^1)-C(f^2)](f^1-f^2)=0$ 成立。结合等式(6.3)，有：

$$\begin{aligned} 0&=(f^1-f^2)^{\mathrm{T}}[C(f^1)-C(f^2)] \\ &=(f^1-f^2)^{\mathrm{T}}[g(\boldsymbol{\Delta}^{\mathrm{T}}t(x^1))-g(\boldsymbol{\Delta}^{\mathrm{T}}t(x^2))] \\ &\quad+\eta_1(f^1-f^2)^{\mathrm{T}}\boldsymbol{\Delta}^{\mathrm{T}}[t(x^1)-t(x^2)] \\ &\quad+(f^1-f^2)^{\mathrm{T}}[\Lambda(f^1)-\Lambda(f^2)] \end{aligned} \tag{6.21}$$

由文献 [164] 中的理论 2.2，可得一单调递增函数 $h(f)=g(\boldsymbol{\Delta}^{\mathrm{T}}t(\Delta f))-\pi\boldsymbol{\Delta}^{\mathrm{T}}t(\Delta f)$，其中 $\pi \geqslant 0$。

显然 $\Lambda$ 是单调递增的，则有 $(f^1-f^2)[\Lambda(f^1)-\Lambda(f^2)] \geqslant 0$，因此：

$$\begin{aligned} 0&\geqslant(f^1-f^2)^{\mathrm{T}}[g(\Delta^{\mathrm{T}}t(x^1))-g(\Delta^{\mathrm{T}}t(x^2))]+\eta_1(f^1-f^2)^{\mathrm{T}}\boldsymbol{\Delta}^{\mathrm{T}}[t(x^1)-t(x^2)] \\ &=(f^1-f^2)^{\mathrm{T}}[h(f^1)+\pi\Delta^{\mathrm{T}}t(x^1)-h(f^2)-\pi\Delta^{\mathrm{T}}t(x^2)]+\eta_1(x^1-x^2)^{\mathrm{T}}[t(x^1)-t(x^2)] \\ &=(f^1-f^2)^{\mathrm{T}}[h(f^1)-h(f^2)]+\pi(x^1-x^2)^{\mathrm{T}}[t(x^1)-t(x^2)]+\eta_1(x^1-x^2)^{\mathrm{T}}[t(x^1)-t(x^2)] \end{aligned} \tag{6.22}$$

而 $(f^1-f^2)^{\mathrm{T}}[h(f^1)-h(f^2)] \geqslant 0$，则等式(6.22) 可表述为：

$$0 \geqslant (\pi+\eta_1)(x^1-x^2)^{\mathrm{T}}[t(x^1)-t(x^2)] \tag{6.23}$$

根据条件①可得 $(x^1-x^2)^{\mathrm{T}}[t(x^1)-t(x^2)]>0$，即

$$(\pi+\eta_1)(x^1-x^2)^{\mathrm{T}}[t(x^1)-t(x^2)]>0 \tag{6.24}$$

显然等式(6.24) 与等式(6.23) 相矛盾，因此 $x^1=x^2$。

## 6.4 求解算法

Step0：初始化。

① 令所有路段流量为 0，行程时间为自由流时间：$x_a$ (0) $=0$，$t_a=t_a$ (0)。

② 初始化迭代次数 $n=0$。

③ 更新路径行驶时间，$C(\boldsymbol{f})=\Lambda(\boldsymbol{f})+\eta_1\boldsymbol{\Delta}^{\mathrm{T}}t(\Delta\boldsymbol{f})+g(\boldsymbol{\Delta}^{\mathrm{T}}t(\Delta\boldsymbol{f}))$。

④ 针对第一组出行者，求解最短路问题得到 $k_{rs}$ $(n)$，对最短路进行 0-1 分配，$f_{k_{rs}(n)}$ $(n)$ $=q_{rs}$ $(n)$。

⑤ 针对第二组出行者，求解最大路径剩余容量问题得到 $\hat{k}_{rs}$ $(n)$，对最大剩余容量路径进行 0-1 分配，$\hat{f}_{\hat{k}_{rs}(n)}$ $(n)$ $=\hat{q}_{rs}(n)$。

⑥ 更新总的路径流量：$F_w^r=f_w^r+\hat{f}_w^r$。更新路段流量：$x_a(n)=\sum_r\sum_s\sum_k F_k^{rs}(n)\delta_{ka}^{rs}$。

Step1：更新路径行驶时间。

① 更新迭代次数：$n=n+1$；

② 更新路段行驶时间：$t_a[x_a(n-1)]$；

③ 更新路径行驶时间：$C(\boldsymbol{f})=\Lambda(\boldsymbol{f})+\eta_1\boldsymbol{\Delta}^{\mathrm{T}}t(\Delta\boldsymbol{f})+g(\boldsymbol{\Delta}^{\mathrm{T}}t(\Delta\boldsymbol{f}))$；

④ 求解最短路问题，得到 $k_{rs}(n)$，求解最大路径剩余容量问题得到 $\hat{k}_{rs}(n)$。

Step2：求目标函数的下降方向。

① 针对第一组出行者：目标函数对路径流的一阶导数就是路径行驶时间，即有：

$\partial Z/\partial f_k^{rs}=\partial Z/\partial f_k^{rs}-\partial Z/\partial f_{k_{rs}}^{rs}=d_k^{rs}(n)-d_{k_{rs}}^{rs}(n)=C_{k_{rs}}(n)-C_{\bar{k}_{rs}}(n)=C_{k_{rs}}(n)-u_w(n)$。

② 针对第二组出行者：下降方向即为路径剩余容量间的差值，即有：

$\partial Z/\partial \hat{f}_k^{rs}=\partial Z/\partial \hat{f}_{\hat{k}_{rs}}^{rs}-\partial Z/\partial \hat{f}_k^{rs}=d_{\hat{k}_w^r}^{rs}(n)-d_{k_w^r}^{rs}(n)=s_{\hat{k}_{rs}}(n)-s_{k_{rs}}(n)=v_w(n)-s_{k_{rs}}(n)$。

Step3：设置迭代步长 $\alpha(n)$。

Step4：更新交通流。

① 针对第一组出行者更新非最短路的交通流：

$f_k^{rs}(n+1)=\max\{f_k^{rs}(n)-\alpha(n)[C_{k_{rs}}(n)-u_w(n)],0\},k\in K_{rs}(n),k\neq k_{rs}(n)$

② 针对第二组出行者更新非最大剩余容量路径的交通流：

$\hat{f}_k^{rs}(n+1)=\max\{\hat{f}_k^{rs}(n)-\alpha(n)[v_w(n)-s_{\hat{k}_{rs}}(n)],0\},k\in K_{rs}(n),k\neq\hat{k}_{rs}(n)$

③ 针对第一组出行者更新最短路的交通流：

$$f_{k_{rs}(n)}^{rs}(n+1)=q_{rs}-\sum_{\substack{k\in K_{rs}(n)\\ k\neq k_{rs}(n)}}f_k^{rs}(n+1)$$

④ 针对第二组出行者更新最大剩余容量路径的交通流：

$$\hat{f}_{\hat{k}_{rs}(n)}^{rs}(n+1)=\hat{q}_{rs}-\sum_{\substack{k\in K_{rs}(n)\\ k\neq\hat{k}_{rs}(n)}}\hat{f}_k^{rs}(n+1)$$

⑤ 更新路段流量为 $x_a(n+1)=\sum_r\sum_s\sum_k F_k^{rs}(n+1)\delta_{ka}^{rs}$。

Step5：更新最短路集合。同 Step1。

Step6：求目标函数的下降方向。同 Step2。

Step7：收敛性检查。$\max_{rs}\sum_{\substack{k\in K_{rs}(n)\\ k\neq\bar{k}_{rs}(n)}}\dfrac{f_k^{rs}(n+1)-f_k^{rs}(n)}{f_k^{rs}(n)}\leqslant\varepsilon$，$\max_{rs}\sum_{\substack{k\in K_{rs}(n)\\ k\neq\hat{k}_{rs}(n)}}\dfrac{\hat{f}_k^{rs}(n+1)-\hat{f}_k^{rs}(n)}{\hat{f}_k^{rs}(n)}\leqslant\varepsilon$ 则停止，否则返回 Step3。

## 6.5 数例演算

### 6.5.1 小型测试网络

给定单一 OD 网络如图 6.1[115] 所示，路段-路径关联矩阵如表 6.1 所示，路段行驶时间函数如下，其函数参数如表 6.2 所示。

$$t_a(x_a)=t_a^0\left[1+0.15\left(\frac{x_a}{K_a}\right)^4\right],\forall a\in A \tag{6.25}$$

根据 Scott 和 Bernstein[171] 的研究，采用如下非可加路径费用函数：

$$C_w^r(f)=3\left[\frac{\sum_a\delta_w^{ra}t_a(x_a)}{30}\right]^2+\frac{\sum_a\delta_w^{ra}t_a(x_a)}{30} \tag{6.26}$$

给定 OD 对间第一类出行者 OD 需求 $d=400$，第二类出行者 OD 需求 $\hat{d}=400$。

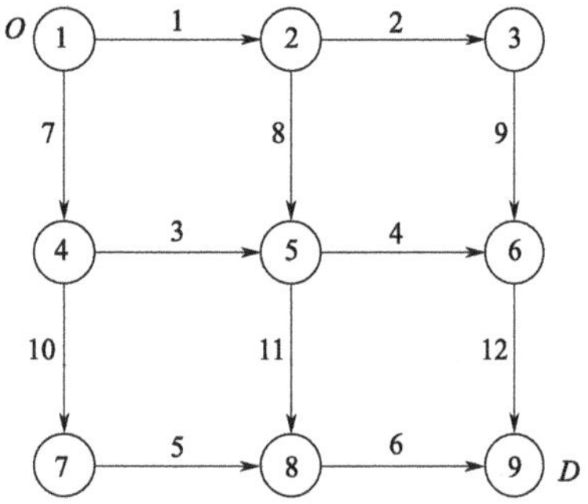

图 6.1 测试交通网络

**表 6.1 路段-路径关联矩阵**

$$\boldsymbol{\Delta}^{\mathrm{T}}=\begin{bmatrix}1&1&0&0&0&0&0&0&1&0&0&1\\1&0&0&1&0&0&0&1&0&0&0&1\\1&0&0&0&0&1&0&1&0&0&1&0\\0&0&1&1&0&0&1&0&0&0&0&1\\0&0&1&0&0&1&1&0&0&0&1&0\\0&0&0&0&1&1&1&0&0&1&0&0\end{bmatrix}$$

**表 6.2 路段行驶时间函数参数**

| 路段 | $t_a^0$/h | $c_a$/(辆/h) | 路段 | $t_a^0$/h | $c_a$/(辆/h) |
|---|---|---|---|---|---|
| 1 | 30 | 1200 | 7 | 60 | 900 |
| 2 | 80 | 800 | 8 | 70 | 1200 |
| 3 | 65 | 800 | 9 | 40 | 800 |
| 4 | 55 | 1000 | 10 | 50 | 800 |
| 5 | 40 | 800 | 11 | 30 | 1200 |
| 6 | 30 | 1200 | 12 | 45 | 1000 |

注：$t_a^0$ 表示路段自由行驶时间；$c_a$ 表示路段的实际通行能力。

图 6.2 为总的路径流动态演化过程图，图 6.3 为路径出行费用动态演化过程图，而路径剩余容量动态调整过程如图 6.4 所示。

显然由图 6.2～图 6.4 可知，路径流在经过一段时间的波动后逐渐收敛于均衡状态，考虑非可加路径费用的多准则混合均衡问题能较理想地模拟两组不同出行者路径选择准则行为影响下的交通流动态演化过程。

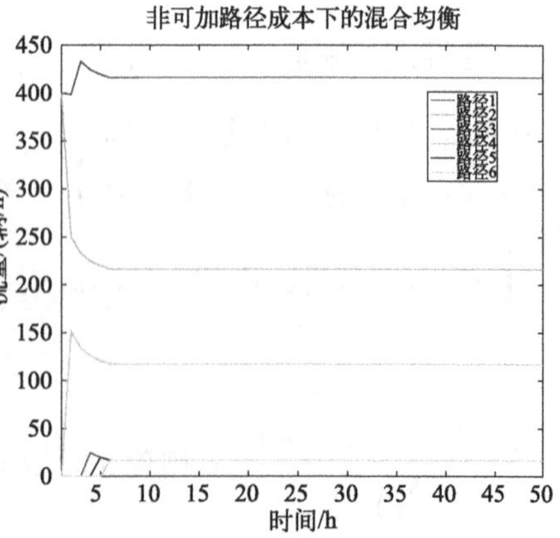


图 6.2 路径流演化图

表 6.3 为混合均衡状态下的均衡路径流模式、路径出行费用值以及路径剩余容量值。

表 6.4 为混合均衡状态下两类出行者的均衡路径流。

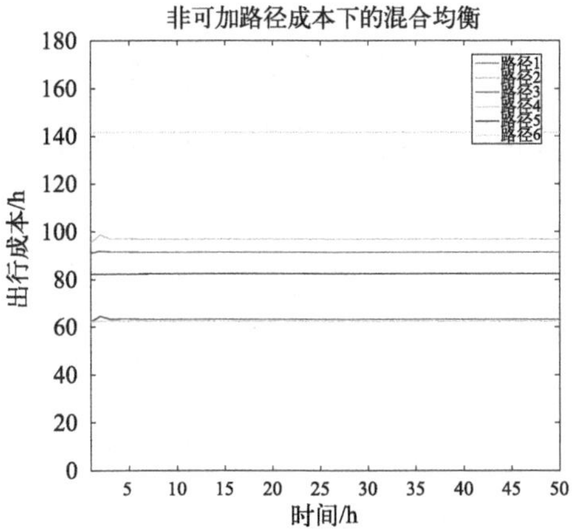


图 6.3　路径出行费用演化图

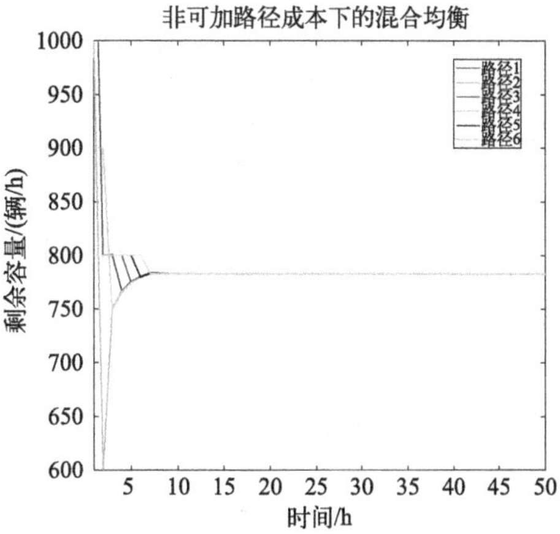


图 6.4　路径剩余容量演化图

**表 6.3　混合均衡状态下的均衡路径流 $f$、路径出行费用 $c$ 及路径剩余容量 $s$**

单位：辆/h

| 路径编号 | 路段 | $c$ | $f$ | $s$ |
|---|---|---|---|---|
| 1 | 1、2、9、12 | 91.44 | 16.52 | 783.47 |
| 2 | 1、4、8、12 | 96.85 | 216.52 | 783.47 |
| 3 | 1、6、8、11 | 63.24 | 416.52 | 783.47 |
| 4 | 3、4、7、12 | 62.38 | 117.38 | 783.0 |
| 5 | 3、6、7、11 | 82.37 | 16.52 | 783.47 |
| 6 | 5、6、7、10 | 141.66 | 16.52 | 783.47 |

**表 6.4　混合均衡状态下两类出行者的均衡路径流**　　单位：辆/h

| 路径编号 | 路段 | $f$(第一类) | $\hat{f}$(第二类) |
|---|---|---|---|
| 1 | 1、2、9、12 | 0 | 16.52 |
| 2 | 1、4、8、12 | 0 | 216.52 |
| 3 | 1、6、8、11 | 394.86 | 21.66 |
| 4 | 3、4、7、12 | 5.14 | 112.25 |
| 5 | 3、6、7、11 | 0 | 16.52 |
| 6 | 5、6、7、10 | 0 | 16.52 |

结合表 6.3 和表 6.4 可得第一类出行者和第二类出行者的交通流均在混合均衡状态时达到了稳定，且第一类出行者形成的交通流稳定状态与路径经济性用户均衡状态一致，即所有 OD 需求都分配到最小出行费用的路径上，而第二类出行者形成的交通流稳定状态与路径舒适性用户均衡状态一致，即路径流在所有路径剩余容量相等时达到稳定。因此，这一稳定状态就是两类不同路径选择准则影响下的交通流混合均衡状态。而相比路径出行费用，剩余容量对出行者的路径选择和整体交通流演化过程的影响更直观。

表 6.5 和表 6.6 给出了建立算法求解的计算结果。由表 6.6 可知，混合路径流根据混合路径调整准则演化并最终收敛到一个稳定状态，这一稳定状态为对应的混合均衡状态。此外可见，在 20 次迭代更新后，两类出行者按照各自的路径调整原则进行路径选择，最后第一类出行者达到目标最小出行成本 63.2；第二类出行者达到目标最大剩余容量 783.5。

**表 6.5　算法求解结果（一）**

| $n$ | 1 | 2 | 3 | 4 | 5 | 6 | 7 | 8 | 9 | 10 | 11 | 12 | 13 | 14 | 15 | 16 | 17 | 18 | 19 | 20 |
|---|---|---|---|---|---|---|---|---|---|---|---|---|---|---|---|---|---|---|---|---|
| $f_1$ | 0.0 | 0.0 | 0.0 | 0.0 | 0.0 | 0.0 | 0.0 | 0.0 | 0.0 | 0.0 | 0.0 | 0.0 | 0.0 | 0.0 | 0.0 | 0.0 | 0.0 | 0.0 | 0.0 | 0.0 |
| $f_2$ | 0.0 | 0.0 | 0.0 | 0.0 | 0.0 | 0.0 | 0.0 | 0.0 | 0.0 | 0.0 | 0.0 | 0.0 | 0.0 | 0.0 | 0.0 | 0.0 | 0.0 | 0.0 | 0.0 | 0.0 |
| $f_3$ | 400.0 | 399.0 | 398.7 | 398.5 | 398.3 | 398.2 | 398.0 | 397.9 | 397.8 | 397.8 | 397.7 | 397.6 | 397.5 | 397.5 | 397.4 | 397.4 | 397.3 | 397.3 | 397.2 | 397.2 |
| $f_4$ | 0.0 | 1.0 | 1.3 | 1.5 | 1.7 | 1.8 | 2.0 | 2.1 | 2.2 | 2.2 | 2.3 | 2.4 | 2.5 | 2.5 | 2.6 | 2.6 | 2.7 | 2.7 | 2.8 | 2.8 |
| $f_5$ | 0.0 | 0.0 | 0.0 | 0.0 | 0.0 | 0.0 | 0.0 | 0.0 | 0.0 | 0.0 | 0.0 | 0.0 | 0.0 | 0.0 | 0.0 | 0.0 | 0.0 | 0.0 | 0.0 | 0.0 |
| $f_6$ | 0.0 | 0.0 | 0.0 | 0.0 | 0.0 | 0.0 | 0.0 | 0.0 | 0.0 | 0.0 | 0.0 | 0.0 | 0.0 | 0.0 | 0.0 | 0.0 | 0.0 | 0.0 | 0.0 | 0.0 |
| $\hat{f}_1$ | 0.0 | 0.0 | 0.0 | 25.0 | 20.0 | 16.7 | 16.6 | 16.6 | 16.5 | 16.5 | 16.5 | 16.5 | 16.5 | 16.5 | 16.5 | 16.5 | 16.5 | 16.5 | 16.5 | 16.5 |
| $\hat{f}_2$ | 400.0 | 250.0 | 233.0 | 224.7 | 219.8 | 216.5 | 216.4 | 216.6 | 216.6 | 216.6 | 216.6 | 216.6 | 216.6 | 216.6 | 216.6 | 216.5 | 216.5 | 216.5 | 216.5 | 216.5 |
| $\hat{f}_3$ | 0.0 | 0.0 | 34.3 | 26.1 | 21.2 | 17.9 | 18.4 | 18.4 | 18.6 | 18.7 | 18.8 | 18.9 | 19.0 | 19.0 | 19.1 | 19.2 | 19.2 | 19.3 | 19.3 | 19.3 |
| $\hat{f}_4$ | 0.0 | 150.0 | 132.7 | 124.2 | 119.0 | 115.6 | 115.4 | 115.3 | 115.2 | 115.1 | 115.0 | 114.9 | 114.9 | 114.8 | 114.8 | 114.7 | 114.7 | 114.6 | 114.6 | 114.5 |
| $\hat{f}_5$ | 0.0 | 0.0 | 0.0 | 0.0 | 20.0 | 16.7 | 16.6 | 16.6 | 16.5 | 16.5 | 16.5 | 16.5 | 16.5 | 16.5 | 16.5 | 16.5 | 16.5 | 16.5 | 16.5 | 16.5 |
| $\hat{f}_6$ | 0.0 | 0.0 | 0.0 | 0.0 | 0.0 | 16.7 | 16.6 | 16.6 | 16.5 | 16.5 | 16.5 | 16.5 | 16.5 | 16.5 | 16.5 | 16.5 | 16.5 | 16.5 | 16.5 | 16.5 |

**表 6.6　算法求解结果（二）**

| $n$ | 1 | 2 | 3 | 4 | 5 | 6 | 7 | 8 | 9 | 10 | 11 | 12 | 13 | 14 | 15 | 16 | 17 | 18 | 19 | 20 |
|---|---|---|---|---|---|---|---|---|---|---|---|---|---|---|---|---|---|---|---|---|
| $F_1$ | 0.0 | 0.0 | 0.0 | 25.0 | 20.0 | 16.7 | 16.6 | 16.6 | 16.5 | 16.5 | 16.5 | 16.5 | 16.5 | 16.5 | 16.5 | 16.5 | 16.5 | 16.5 | 16.5 | 16.5 |
| $F_2$ | 400.0 | 250.0 | 233.0 | 224.7 | 219.8 | 216.5 | 216.4 | 216.6 | 216.6 | 216.6 | 216.6 | 216.6 | 216.6 | 216.6 | 216.6 | 216.5 | 216.5 | 216.5 | 216.5 | 216.5 |
| $F_3$ | 400.0 | 399.0 | 433.1 | 424.6 | 419.5 | 416.1 | 416.5 | 416.3 | 416.5 | 416.5 | 416.5 | 416.5 | 416.5 | 416.5 | 416.5 | 416.5 | 416.5 | 416.5 | 416.5 | 416.5 |
| $F_4$ | 0.0 | 151.0 | 133.9 | 125.7 | 120.7 | 117.4 | 117.4 | 117.3 | 117.3 | 117.3 | 117.3 | 117.3 | 117.3 | 117.3 | 117.3 | 117.3 | 117.4 | 117.4 | 117.4 | 117.4 |
| $F_5$ | 0.0 | 0.0 | 0.0 | 0.0 | 20.0 | 16.7 | 16.6 | 16.6 | 16.5 | 16.5 | 16.5 | 16.5 | 16.5 | 16.5 | 16.5 | 16.5 | 16.5 | 16.5 | 16.5 | 16.5 |
| $F_6$ | 0.0 | 0.0 | 0.0 | 0.0 | 0.0 | 16.7 | 16.6 | 16.6 | 16.5 | 16.5 | 16.5 | 16.5 | 16.5 | 16.5 | 16.5 | 16.5 | 16.5 | 16.5 | 16.5 | 16.5 |
| $C_1$ | 91.0 | 92.0 | 91.5 | 91.5 | 91.5 | 91.5 | 91.4 | 91.4 | 91.4 | 91.4 | 91.4 | 91.4 | 91.4 | 91.4 | 91.4 | 91.4 | 91.4 | 91.4 | 91.4 | 91.4 |
| $C_2$ | 95.6 | 98.7 | 97.1 | 97.1 | 97.0 | 96.9 | 96.9 | 96.9 | 96.9 | 96.9 | 96.9 | 96.9 | 96.9 | 96.9 | 96.9 | 96.9 | 96.9 | 96.9 | 96.9 | 96.9 |
| $C_3$ | 62.2 | 64.5 | 63.3 | 63.4 | 63.3 | 63.3 | 63.2 | 63.2 | 63.2 | 63.2 | 63.2 | 63.2 | 63.2 | 63.2 | 63.2 | 63.2 | 63.2 | 63.2 | 63.2 | 63.2 |
| $C_4$ | 62.2 | 62.5 | 62.5 | 62.4 | 62.4 | 62.4 | 62.4 | 62.4 | 62.4 | 62.4 | 62.4 | 62.4 | 62.4 | 62.4 | 62.4 | 62.4 | 62.4 | 62.4 | 62.4 | 62.4 |
| $C_5$ | 82.2 | 82.3 | 82.3 | 82.4 | 82.3 | 82.4 | 82.4 | 82.4 | 82.4 | 82.4 | 82.4 | 82.4 | 82.4 | 82.4 | 82.4 | 82.4 | 82.4 | 82.4 | 82.4 | 82.4 |
| $C_6$ | 141.6 | 141.6 | 141.6 | 141.6 | 141.6 | 141.7 | 141.7 | 141.7 | 141.7 | 141.7 | 141.7 | 141.7 | 141.7 | 141.7 | 141.7 | 141.7 | 141.7 | 141.7 | 141.7 | 141.7 |
| $s_1$ | 800.0 | 800.0 | 800.0 | 775.0 | 780.0 | 783.3 | 783.4 | 783.4 | 783.5 | 783.5 | 783.5 | 783.5 | 783.5 | 783.5 | 783.5 | 783.5 | 783.5 | 783.5 | 783.5 | 783.5 |
| $s_2$ | 600.0 | 750.0 | 767.0 | 775.3 | 780.2 | 783.5 | 783.6 | 783.4 | 783.4 | 783.4 | 783.4 | 783.4 | 783.4 | 783.4 | 783.4 | 783.5 | 783.5 | 783.5 | 783.5 | 783.5 |
| $s_3$ | 800.0 | 801.0 | 766.9 | 775.4 | 780.5 | 783.9 | 783.5 | 783.7 | 783.5 | 783.5 | 783.5 | 783.5 | 783.5 | 783.5 | 783.5 | 783.5 | 783.5 | 783.5 | 783.5 | 783.5 |
| $s_4$ | 900.0 | 749.0 | 766.1 | 774.3 | 779.3 | 782.6 | 782.6 | 782.7 | 782.7 | 782.7 | 782.7 | 782.7 | 782.7 | 782.7 | 782.7 | 782.7 | 782.6 | 782.6 | 782.6 | 782.6 |
| $s_5$ | 800.0 | 800.0 | 800.0 | 800.0 | 780.0 | 783.3 | 783.4 | 783.4 | 783.5 | 783.5 | 783.5 | 783.5 | 783.5 | 783.5 | 783.5 | 783.5 | 783.5 | 783.5 | 783.5 | 783.5 |
| $s_6$ | 800.0 | 800.0 | 800.0 | 800.0 | 800.0 | 783.3 | 783.4 | 783.4 | 783.5 | 783.5 | 783.5 | 783.5 | 783.5 | 783.5 | 783.5 | 783.5 | 783.5 | 783.5 | 783.5 | 783.5 |

### 6.5.2 结果分析

模型的演算结果表明如下：

① 第一类出行者产生的路径流向路径成本较低的路径转移，第二类出行者产生的路径流向路径剩余容量较大的路径转移，两类出行者的路径调整过程分别遵循经济性路径选择行为准则和舒适性路径选择行为准则。

② 第一类出行者和第二类出行者的交通流均在混合均衡状态时达到了稳定，且第一类出行者形成的交通流稳定状态与路径经济性用户均衡状态一致，而第二类出行者形成的交通流稳定状态与路径舒适性用户均衡状态一致。

③ 考虑非可加路径费用的动态交通流演化模型能更贴合实际地反映多种交通流并存时的路网交通流调整过程，且其求解算法的收敛速度比已知算法快得多。

# 第 7 章 结论与展望

## 7.1 研究结论

本书主要依据非均衡理论、现有的出行者路径选择行为研究和交通流分析方法，分别定义了价格调节行为原理和数量调节行为原理、路径快捷性选择行为准则和路径舒适性选择行为准则以及路径经济性选择行为准则，考虑多种路径选择行为准则下多用户类并存，着重对受不同路径选择行为原理和准则影响下的道路混合交通流进行建模并对其进行特性论证，进而分析了不同的路径选择行为产生的混合交通流所形成的演化过程。主要结论如下：

① 结合经济学非均衡理论的价格-数量双重调节原理，分析了考虑多种路径选择行为准则的混合交通均衡问题和演化机制研究的重要性，并总结了国内外有关于路径选择行为研究和道路网络交通流均衡及演化的研究成果。指出基于非均衡价格-数量调节行为准则，建立多种路径选择行为准则下多用户类并存的混合均衡流演化模型，能更贴合实际地反映网络混合均衡流形成机理及动态演化过程，提高交通规划和网络设计的科学性。

② 基于价格-数量行为调节原理对个体出行者路径选择行为进行研究，同时考虑出行者在价格调节行为原理下的路径出行时间最小化决策和数量调节行为原理下的路径剩余容量最大化决策，分别给出了价格调节用户均衡状态、数量调节用户均衡状态和价格-数量混合调节用户均衡状态，并建立了相应的交通流动态演化模型，刻画了不同行为调节原理下的路径选择行为所形成的交通流的演化轨迹。表明：单一价格调节下的路径流动态演化过程最终收敛于价格调节用户均衡状态，这一均衡状态与经典的 Wardrop 用户均衡状态一致；单一数量调节下的路径流动态演化过程最终收敛于数量调节用户均衡状态，此时所有被使用路径的路径剩余容量相等；价格-数量混合调节下的路径流收敛于混合均衡状态，这种混合均衡状态是前面两种均衡状态的共存结果，其表现形式根据调节权重比例的变化而变化，灵活地考虑了个体出行者的有限理性或异质性，弥补了现有交通流动态演化模型的局限和不足。

③ 将价格-数量双重调节原理应用于群体出行者，认为路网出行者中一部分遵循价格调节选择行为准则，另一部分出行者遵循数量调节选择行为准则，建立了一个离散型交通流比例调整模型，刻画混合交通流从非均衡状态向均衡状态演化的过程，并分析了不同路

径流比例调整率下的价格调节和数量调节路径流演化过程。研究结果表明：两类出行交通流在经过一段波动阶段后都逐渐收敛于均衡状态，其中第一类路径流达到均衡状态时所有被使用路径的出行时间相等且小于等于未被使用路径的出行时间，服从用户均衡准则；第二类路径流达到均衡状态时所有被使用路径的路径剩余容量相等，服从数量调节用户均衡准则。此外，每一时刻路网中根据实时出行信息调整自身路径选择决策的出行者越多，即路网所有出行者的路径选择行为所取得的总体效益越强，使得出行者向均衡状态调整的速度越快，则路网从非均衡状态达到均衡模式所需的时间越短，路网交通流演化过程的收敛速度越快。

④ 在价格调节行为原理和数量调节行为原理基础上相应地扩展定义了路径快捷性选择行为准则和路径舒适性选择行为准则。考虑出行者对交通出行信息的不同掌握程度，将路网出行者划分为三类，对三类网络出行者的逐日路径流演化过程进行了分析，建立一个离散型逐日交通流演化模型，刻画出三类出行者共同路径选择行为作用的流量调整过程，进一步分析了不同数量调节占比对路网交通流演化的影响。研究结果表明：路网中根据路径剩余容量进行路径选择的出行者越多，即路径出行时间对出行者路径选择行为影响越小，则路网交通流波动幅度越小。三类路径流最终分别收敛于用户均衡状态、数量调节用户均衡状态和随机用户均衡状态。这一研究更加全面地反映了道路网络交通出行者的多样性和个体特征，深化了对道路网络交通流调整机制和运行规律的理解。

⑤ 考虑路径费用不可加条件，采用非可加的路径成本函数作为交通经济成本的一般表达形式，反映出行时间和资金消耗对路径决策过程的影响，将路径快捷性选择行为准则扩展定义为路径经济性选择行为准则。根据不同的路径选择准则将出行者分为两类，研究基于非可加路径费用的多路径选择准则下多用户类并存的混合交通流均衡的演化过程。研究结果表明：第一类出行者产生的路径流向路径成本较低的路径转移，第二类出行者产生的路径流向路径剩余容量较大的路径转移，两类出行者的路径调整过程分别遵循经济性路径选择行为准则和舒适性路径选择行为准则，且所提出的算法收敛速度比已知算法快得多。这一研究同时考虑成本最小化行为和舒适最大化行为，更符合实际路径选择行为准则，加深了对现实路网交通流的理解和掌握，极大地提高交通规划和路网设计的科学性，具有重要的理论价值和应用前景。

## 7.2　研究创新

目前，国内学者主要研究的是价格调节原理下反映路径快捷性选择偏好的网络均衡流分布模式和演化过程刻画，鲜有学者研究数量调节原理下反映路径舒适性选择偏好的网络均衡流分布及其演化问题，以及由路径快捷性和舒适性选择行为相互作用产生的混合均衡流形成机理和动态演化。因此，本文理论和方法的创新之处具体表现在以下方面：

① 基于经济学价格-数量双重调节行为原理，研究个体出行者综合考虑价格信号和数量信号的路径选择行为，其中价格调节反映出行者的快捷性选择准则，数量调节反映出行者的舒适性选择准则；研究双重调节下的道路网络流分布情况，建立了多个演化模型，弥

补了仅根据价格信号确定的网络流分布与实际交通分布情况相差较大的不足，提出了一种考虑数量调节的研究手段和方法，扩展了传统交通规划理论模型与方法。

② 根据价格-数量调节原理以及路网信息完备程度对出行者进行分类，研究多路径选择准则下多用户类的混合交通流动态演化情况，建立了混合调节下的道路网络均衡状态、均衡模型及求解方法，弥补了现有混合模型与实际情况不符的缺陷，更灵活客观地反映了出行者的异质性和行为多样性。

③ 扩展定义了考虑出行路径费用不可加的路径经济性选择偏好，建立多路径选择准则下多用户类并存的混合均衡交通流演化模型，明显区别于已有的基于路径快捷性选择偏好构建的相关模型，提高了对网络流分布形态的刻画能力，为制订有效的交通调控措施奠定了基础。

## 7.3 研究展望

我国各城市均处于经济高速发展的阶段，城市内部建筑工程、出行地铁、公交和城市间高速公路、铁路等各类建设活动都十分活跃，导致总体交通拓扑结构和出行格局处于不断变化的过程中，道路网络交通流呈现非均衡常态化。而随着出行信息获取越来越便利，出行者路径选择行为成为一个多阶段动态决策过程。此外出行者个体特性不同，具有不同的路径选择行为准则，导致了道路网络交通流动态演变过程的复杂化和交通流均衡状态的多样化。因此进行道路网络混合均衡交通流的动态演化过程研究，对于提高交通流调控措施的有效性、缓解出行拥堵具有重要的指导意义。本文主要基于价格-数量调节原理下对出行者的路径快捷性和舒适性选择行为，以及不同准则作用下的多用户类交通流相互作用影响下的混合交通流动态演变过程进行研究，并取得了一定的研究成果。然而，由于笔者研究能力、科研条件及相应的技术支持等的限制，目前的研究仍然有一些需要进一步探索和解决的相关问题，主要包括以下内容：

① 如何定义不同路径舒适性的表现形式及其对应的交通流均衡状态；建立混合均衡时，如何确定不同类出行者的占比关系；如何考虑出行者对历史出行经验信息、自身偏好以及路况信息社会互动等因素的综合决策等；如何考虑更多的出行者路径选择影响因素；如何细化各类选择准则的适用条件和合理性条件；如何考虑路径可靠性和安全性，以及信息影响下，在中途更改路径可能性的衡量等。

② 考虑智能交通系统信息提供者以系统最优为路径决策目标的情况；建立混合均衡时，数量调节准则如何考虑道路本身的等级、功能、服务水平等因素，选择最合适的数量信号；遵循数量调节路径选择准则的出行者比例对路网混合均衡演化的影响；增加考虑不完备信息下服从数量调节路径选择准则的出行者行为；如何考虑自动驾驶环境下车辆路径调整行为与出行者路径选择行为共存的情况等。

③ 对非可加路径费用函数进行改进，如何统一非可加路径出行时间和路径剩余容量指标，如何在非可加费用条件下考虑部分出行者遵循系统最优准则的情况等。

# 参考文献


[1] 黄中祥，贺国光，刘豹．非均衡交通规划初探［J］．管理科学学报，2001，4（1）：52-57.

[2] 黄中祥，许泽昭．非均衡动态网络设计模型及求解［J］．长沙理工大学学报（自然科学版），2015，12（1）：18-22.

[3] 黄中祥，方文彬，吴立烜．交通系统中的均衡与非均衡问题［J］．系统工程，2016，34（9）：113-119.

[4] 黄中祥，蔡建荣，吴立烜．城市居民出行市场非均衡调控机制［J］．长安大学学报（自然科学版），2016，36（6）：105-110.

[5] 刘建明，黄中祥．基于行为的出行方式选择模型探讨［J］．山东交通学院学报，2009，17（1）：18-22.

[6] 黄中祥，王任映，况爱武．基于预算时间的路径选择模型参照点设定方法［J］．交通科学与工程，2009，25（3）：75-79.

[7] 高鸿业．西方经济学［M］．北京：中国人民大学出版社，2011.

[8] 邵春福．交通规划原理［M］．北京：中国铁道出版社，2004.

[9] Abdel-Aty M. Using stated preference data for studying the effect of advancedtraffic information on drivers' route choice［N］. Transportation Research PartC，1997：39-50.

[10] Jha M.，Madanat，Peeta S S. Perception updating and day-to-day travel choicedynamics in traffic networks with information provision［J］. Transportation ResearchPart C-Emerging Technologies，1998，6（3）：189-212.

[11] 蒲琪，杨晓光，吕杰．交通信息对驾驶员路径选择行为影响的初步分析［J］．公路交通科技，1999，16（3）：53-56.

[12] 熊轶，黄海军，李志纯．交通信息系统作用下的随机用户均衡模型与演进［J］．交通运输系统工程与信息，2003，3（3）：44-48.

[13] 况爱武，黄中祥，张生．ATIS 影响下基于广义出行负效用的随机分配［J］．系统工程，2010，28（10）：108-113.

[14] 曲卫民，杨肇夏．交通流模拟体系中用户出行路径选择模型的探讨［J］．北方交通大学学报，2000，24（3）：44-49.

[15] Lapparent M De. Optimism，Pessimism toward Risk of Time Losses in Business Air Travel Demand，and Insurance Premium［R］.

[16] 石小法．ATIS 环境下动态选择模型的研究［J］．系统工程学报，2002，17（3）：271-276.

[17] 周溪召，张华歆．基于拥挤收费的动态出发时间选择［J］．上海理工大学学报，2005，27（6）：543-546.

[18] 张杨．不确定环境下城市交通中车辆路径选择研究［D］．成都：西南交通大学，2006.

[19] 陈玲娟，刘海旭，蒲云．基于出行时间预算负效用的出行行为建模［J］．武汉理工大学学报（交通科学与工程版），2015，36（5）：971-975.

[20] Simon H A. Behavioral model of rational choice［J］. Quarterly Journal of Economics，1955，69：99-120.

[21] Kahneman D，Tversky A. Prospect Theory：An Analysis of Decision under Risk［J］. Econometrica，1979，47（2）：263-292.

[22] 赵凛．基于前景理论的出行决策模型及 ATIS 仿真实验研究［D］．北京：北京交通大学，2006.

[23] 余豪，周江红．基于前景理论—影响力混合模型的路径决策研究［J］．公路，2020（2）：172-176.

[24] 王燕．基于期望效用理论与前景理论的出行决策模型对比研究［D］．成都：西南交通大学，2008.

[25] 杨志勇，颜贵云．基于前景理论的动态路径选择模型［J］．大连交通大学学报，2010，13（1）：53-58.
[26] 徐红利，周晶，陈星光．基于前景理论的路径选择行为规则分析与实证［J］．交通运输系统工程与信息，2007，7（6）：95-101.
[27] 史国琪．基于前景理论的出行路径选择模型研究［D］．兰州：兰州交通大学，2017.
[28] 张海燕．基于前景理论的路径选择模型研究［D］．成都：西南交通大学，2008.
[29] 谭礼平．基于前景理论的出行行为研究综述［C］//2019 世界交通运输大会．
[30] 王光超．基于前景理论的出行者风险条件下路径选择行为研究［D］．天津：天津大学，2016.
[31] 王任映．基于前景理论的出行路径选择模型［D］．长沙：长沙理工大学，2009.
[32] 陆雯雯，姜康，黄志鹏．基于前景理论诱导信息的出行者路径选择模型［J］．交通科技与经济，2014，16（1）：61-64.
[33] 王健，侯亚丽，胡晓伟．拥挤收费下基于前景理论的出行者路径选择行为分析［J］．交通信息与安全，2011，29（5）：25-30.
[34] Tversky A，Kahneman D. Advances in prospect theory：Cumulative representation of uncertainty［J］. Journal of Risk and uncertainty，1992，5（4）：297-323.
[35] 殷蒙蒙．累积前景理论在出行行为方面的研究综述［C］//Management Innovation and Business Innovation.
[36] 刘玉印，刘伟铭，吴建伟．基于累积前景理论的出行者路径选择模型［J］．华南理工大学学报（自然科学版），2010，38（7）：84-89.
[37] 张波，隽志才，倪安宁．基于累积前景理论的动态交通流演化博弈模型［J］．管理工程学报，2014，28（3）：164-173.
[38] 张波，隽志才，林徐勋．基于累积前景理论的随机用户均衡交通分配模型［J］．西南交通大学学报，2011，46（5）：868-874.
[39] 李小静，刘林忠．基于累积前景理论的通勤者路径选择模型［J］．交通运输系统工程与信息，2015，15（1）：173-178.
[40] Loomes G，Sugden R. Regret theory：an alternative theory of rational choice under uncertainty［J］. The Economic Journal，1982，9：805-824.
[41] Bell D E. Regret in decision making under uncertainty［J］. Operations research，1982，30：961-981.
[42] 张顺明，叶军．后悔理论述评［J］．系统工程，2009，27（2）：45-50.
[43] 王晓玉，王立晓，左志．后悔理论及其在出行中的应用研究综述［J］．武汉理工大学学报（交通科学与工程版），2018，42（2）：231-242.
[44] 江妍妮，杨聚芬．基于后悔理论的城市轨道交通乘客路径选择［J］．物流科技，2019（3）：108-110.
[45] Quiggin J. Regret theory with general choice sets［J］. Journal of Risk and Uncertainty，1994，8（2）：153-165. DOI：10.1007/BF01065370.
[46] 栾琨，倪安宁，隽志才．出行路径选择的随机后悔最小化模型［J］．交通信息与安全，2012，30（6）：77-80.
[47] 王泽．基于随机后悔路径选择行为的疏散交通均衡分析及应用［D］．哈尔滨：哈尔滨工业大学，2016.
[48] 鲜于建川，隽志才，朱泰英．后悔理论视角下的出行选择行为［J］．交通运输工程学报，2012，12（3）：67-72.
[49] 安实，王泽，王健，等．后悔视角下的应急疏散出行方式决策行为分析［J］．交通运输系统工程与信息，2015，15（4）：18-23.
[50] 李梦，黄海军．后悔视角下的运量分布与均衡配流组合模型［J］．交通运输系统工程与信息，2016，16（3）：15-34.
[51] 李梦，黄海军．基于后悔理论的出行路径选择行为研究［J］．管理科学学报，2017，20（11）：1-9.
[52] 高玉芳．基于后悔理论的城市轨道交通动态配流模型研究［D］．北京：北京交通大学，2018.
[53] 赵磊，关宏志，张新洁，等．考虑出行者损失厌恶的后悔随机用户均衡模型［J］．交通运输系统工程与信息，

2018，18（4）：116-122.

[54] 陈江涛．决策后悔的特征与形成机制研究［D］．杭州：浙江大学，2008.

[55] 徐媛，徐薇，周晶，等．考虑心理距离的随机后悔最小化出行选择模型［J］．系统管理学报，2019，28（4）：679-686.

[56] 李梦甜，纪翔峰，张健，等．基于时间剩余的随机后悔最小化路径选择［J］．交通运输系统工程与信息，2014，14（6）：158-163.

[57] 闫祯祯，刘锴，王晓光．基于后悔理论的交通信息感知价值［J］．交通运输系统工程与信息，2013，13（4）：76-83.

[58] 黄中祥．交通分配模型的经济学含义及模型的扩展［J］．经济数学，1998，15（4）：25-31.

[59] 黄中祥，贺国光．均衡交通分配模型综述［J］．系统工程，1998，16（2）：42-47.

[60] Aashtiani H Z，Magnanti T L. Equilibria on a Congested Transportation Network［J］. SIAM Journal on Algebraic Discrete Methods，1981，2（3）：213-226.

[61] Lawphongpanich S，Hearn D W. Simplical decomposition of the asymmetric traffic assignment problem［J］. Transportation Research Part B，1984，18（2）：123-133.

[62] Larsson T，Patriksson M. Simplicial decomposition with disaggregated representation for the traffic assignment problem［J］. Transportation Science，1992，26（1）：4-17.

[63] Di Lorenzo D，Galligari A，Sciandrone M. A convergent and efficient decomposition method for the traffic assignment problem［J］. Computational Optimization and Applications，2014，60（1）：151-170.

[64] Borchers M，Breeuwsma P，Kern W，et al. Traffic user equilibrium and proportionality［J］. Transportation Research Part B：Methodological，2015，79：149-160.

[65] Li C，Gopalarao S，RAY T. A path-based flow formulation for the traffic assignment problem［J］. Transportation Planning and Technology，2016，39（6）：597-611.

[66] Xie J，Nie Y. A new algorithm for achieving proportionality in user equilibrium traffic assignment［J］. Transportation Science，2019，53（2）：566-584.

[67] Guo J，Kong Y，Li Z，et al. A model and genetic algorithm for area-wide intersection signal optimization under user equilibrium traffic［J］. Mathematics and Computers in Simulation，2019，155：92-104.

[68] 郭仁拥，黄海军．基于ATIS的多用户多准则随机均衡交通配流演化模型［J］．中国公路学报，2008，21（5）：87-90，114.

[69] 况爱武，黄中祥．基于出行时间预算的随机用户均衡交通分配［C］//2008年国际交通技术创新与应用大会暨国际交通基础设施建设与养护技术大会．

[70] 温惠英，王晓巍，曹更永，等．基于最短路径搜索的动态随机交通分配［J］．交通信息与安全，2009，27（3）：32-35.

[71] 纪魁．路段型随机用户均衡网络流及敏感度分析［D］．南京：东南大学，2012.

[72] 胡文君，周溪召．多用户多模式多准则随机用户均衡模型［J］．武汉理工大学学报（交通科学与工程版），2012，36（2）：366-373.

[73] 胡文君，周溪召．基于交叉巢式Logit的多用户多模式随机用户均衡模型［J］．中国公路学报，2012，25（4）：133-140. DOI：10. 19721/j. cnki. 1001-7372. 2012. 04. 019.

[74] 邱松林，程琳，许项东．基于路径长度的Logit型随机用户均衡模型［J］．东南大学学报（自然科学版），2012，41（1）：173-176.

[75] 周博见，李旭宏，何杰．求解基于路径的logit型随机用户 均衡模型的新算法［J］．中国公路学报，2014，27（3）：100-107. DOI：10. 19721/j. cnki. 1001-7372. 2014. 03. 014.

[76] 杨文娟，郭仁拥，李蜻．基于随机用户均衡的交通配流演化动态系统模型［J］．系统工程理论与实践，2015，35（12）：3192-3200.

[77] 卫翀，邵春福．考虑交通量随机波动的随机用户均衡配流模型［J］．吉林大学学报（工学版），2015，45（5）：1408-1413.

[78] 刘诗序，池其源，阎昊，等．基于分层Logit的多方式随机用户均衡分配模型［J］．长安大学学报（自然科学版），2018，38（5）：114-122.

[79] Zhou B，Xu M，Meng Q，et al. A day-to-day route flow evolution process towards the mixed equilibria［J］. Transportation Research Part C，2017，82：210-228.

[80] Bagloee S A，Sarvim，Patriksson M，et al. A Mixed User-Equilibrium and System-Optimal Traffic Flow for Connected Vehicles Stated as a Complementarity Problem［J］. Computer-Aided Civil and Infrastructure Engineering，2017，32（7）：562-580.

[81] Harker P T. Multiple Equilibrium Behaviors on Networks.［J］. Transportation Science，1988，22（1）：39-46.

[82] Yang H，Zhang X N. Existence Of Optimal Link Tolls For System Optimum On Networks With Mixed Equilibrium Behaviors［J］. Transportation in the Information Age：Proceedings of the 7th Conference of Hong Kong Society for Transportation Studies，2002.

[83] Zhang X，Yang H，Huang H-J. Multiclass multicriteria mixed equilibrium on networks and uniform link tolls for system optimum［J］. European Journal of Operational Research，2008，189（1）：146-158.

[84] Yang H，Zhang X，Meng Q. Stackelberg games and multiple equilibrium behaviors on networks［J］. Transportation Research Part B：Methodological，2007，41（8）：841-861.

[85] Yang H，Zhang X. Existence of anonymous link tolls for system optimum on networks with mixed equilibrium behaviors［J］. Transportation Research Part B：Methodological，2008，42（2）：99-112.

[86] Yang H. Multiple equilibrium behaviors and advanced traveler information systems with endogenous market penetration［J］. Transportation Research Part B：Methodological，1998，32（3）：205-218.

[87] Yang H，Yagar S. Traffic assignment and signal control in saturated road networks［J］. Transportation Research Part A：Policy and Practice，1995，29（2）：125-139.

[88] Huang H J，Li Z C. A multiclass，multicriteria logit-based traffic equilibrium assignment model under ATIS［J］. European Journal of Operational Research，2007，176（3）：1464-1477.

[89] 黄中祥，江向军，伍建辉．价格-数量调节网络交通流演化模型［J］．管理科学学报，2017，20（8）：102-111.

[90] Huang Z，Wu J，Huang R，et al. Network Traffic Flow Evolution Model Based on Disequilibrium Theory［J］. Mathematical Problems in Engineering，2018，2018：1-10.

[91] Wu L X，Huang Z X，Wang Y L W T. A dynamic evolution model of disequilibrium network traffic flow with quantity regulation of congestion［J］. Journal of Traffic and Transportation Engineering，2018，18（3）：167-178.

[92] He X，Liu H X. Modeling the day-to-day traffic evolution process after an unexpected network disruption［J］. Transportation Research Part B：Methodological，2012，46（1）：50-71.

[93] Guo X，Liu H X. Day-to-Day Dynamic Model in Discrete-Continuum Transportation Networks［J］. Transportation Research Record：Journal of the Transportation Research Board，2011，2263（1）：66-72.

[94] Yang F. An evolutionary game theory approach to the day-to-day traffic dynamics［D］. University of Wisconsin-Madison，2005.

[95] Ben-Akiv A M，De Palma A，Isam K. Dynamic network models and driver information systems［J］. Transportation Research Part A：General，1991，25（5）：251-266.

[96] Friesz T L，Luque J，Tobin R L，et al. Dynamic Network Traffic Assignment Considered as a Continuous Time Optimal Control Problem［J］. Operations Research，1989，37（6）：893-901.

[97] Friesz T L，Bernstein D，Smith T E，et al. A Variational Inequality Formulation of the Dynamic Network User Equilibrium Problem［J］. Operations Research，1993，41（1）：179-191.

[98] Watling D, Hazelton M. The Dynamics and Equilibria of Day-to-Day Assignment Models [J] . Networks and Spatial Economics, 2003, 3 (3): 349-370.

[99] Kumar A, Peeta S. A day-to-day dynamical model for the evolution of path flows under disequilibrium of traffic networks with fixed demand [J] . Transportation Research Part B: Methodological, 2015, 80: 235-256.

[100] Iryo T. Day-to-day dynamical model incorporating an explicit description of individuals ' information collection behaviour [J] . Transportation Research Part B, 2016, 92: 88-103.

[101] 刘诗序，陈文思，池其源，等．弹性需求下的网络交通流逐日动态演化 [J] ．物理学报，2017，66 (6): 8-22.

[102] Yang F, Zhang D. Day-to-day stationary link flow pattern [J] . Transportation Research Part B: Methodological, 2009, 43 (1): 119-126.

[103] Wie B-W, Tobin R L, Friesz T L, et al. A Discrete Time, Nested Cost Operator Approach to the Dynamic Network User Equilibrium Problem [J] . Transportation Science, 1995, 29 (1): 79-92.

[104] Ma R, Ban X (Jeff), Pang J-S. Continuous-time dynamic system optimum for single-destination traffic networks with queue spillbacks [J] . Transportation Research Part B: Methodological, 2014, 68: 98-122.

[105] Kontorinaki M, Spiliopoulou A, Roncoli C, et al. First-order traffic flow models incorporating capacity drop: Overview and real-data validation [J] . Transportation Research Part B: Methodological, 2017, 106: 52-75.

[106] 丁冉，李文权，王友普，等．MODEL E. ATIS 影响下的随机用户均衡模型的研究 [J] ．交通运输工程与信息学报，2014，12 (3): 80-86.

[107] 周博见，李旭宏，何杰．求解基于路径的 Logit 型随机用户均衡模型的新算法 [J] ．中国公路学报，2014，27 (3): 100-107.

[108] 陈群，王艳，陈维亚，等．一种新的概率型随机用户均衡问题表示方法及算法 [J] ．中国公路学报，2014，27 (8): 82-88.

[109] 杨文娟，郭仁拥，李琦．基于随机用户均衡的交通配流演化动态系统模型 [J] ．系统工程理论与实践，2015，35 (12): 3192-3200.

[110] Huang Z, Wu J, Kuang A, et al. Modeling and Simulation of Travelers' Route Choice Behavior Based on Disequilibrium Theory [J] . Journal of System Simulation, 2018, 30 (11): 4067-4078.

[111] 齐原．容量约束下网络交通流演化 [J] ．系统工程，2016，34 (2): 109-113.

[112] Cantarella G E, Watling D P. Modelling road traffic assignment as a day-to-day dynamic, deterministic process: a unified approach to discrete- and continuous-time models [J] . Journal on Transportation and Logistics, 2016, 5 (1): 69-98.

[113] 王倩，周晶，徐薇．基于累积前景理论考虑路网通行能力退化的用户均衡模型 [J] ．系统工程理论与实践，2015，33 (6): 1563-1569.

[114] 肖海燕．基于马尔科夫的动态交通流演化模型及应用 [J] ．武汉大学学报（工学版），2012，45 (2): 255-258.

[115] Hoang n H, Vu H L, Panda M, et al. A linear framework for dynamic user equilibrium traffic assignment in a single origin-destination capacitated network [J] . Transportation Research Part B: Methodological, 2019, 126: 329-352.

[116] Ran B, Hall R W, Boyce D E. A link-based variational inequality model for dynamic departure time/route choice [J] . Transportation Research Part B: Methodological, 1996, 30 (1): 31-46.

[117] He X, Guo X, Liu H X. A link-based day-to-day traffic assignment model [J] . Transportation Research Part B, 2010, 44 (4): 597-608.

[118] Carey M, Humphreys P, Mchugh M, et al. Extending travel-time based models for dynamic network loading and assignment, to achieve adherence to first-in-first-out and link capacities [J] . Transportation Research Part

B: Methodological, 2014, 65: 90-104.

[119] Wang J, He X, Peeta S. Sensitivity analysis based approximation models for day-to-day link flow evolution process [J]. Transportation Research Part B: Methodological, 2016, 92: 35-53.

[120] Tang T Q, Shi W F, Huang H J, et al. A route-based traffic flow model accounting for interruption factors [J]. Physica A: Statistical Mechanics and its Applications, 2019, 514: 767-785.

[121] Wie B W, Tobin R L, Carey M. The existence, uniqueness and computation of an arc-based dynamic network user equilibrium formulation [J]. Transportation Research Part B: Methodological, 2002, 36 (10): 897-918.

[122] Guo R, Yang H, Huang H, et al. Link-based day-to-day network traffic dynamics and equilibria [J]. Transportation Research Part B, 2015, 71: 248-260.

[123] Bie J, Lo H K. Stability and attraction domains of traffic equilibria in a day-to-day dynamical system formulation [J]. Transportation Research Part B: Methodological, 2010, 44 (1): 90-107.

[124] Ramazani H, Shafahi Y, Seyedabrishami S E. A fuzzy traffic assignment algorithm based on driver perceived travel time of network links [J]. Scientia Iranica, 2011, 18 (2): 190-197.

[125] DANILEVIČIUS A, BOGDEVIČIUS M. Investigation of Traffic Light Switching Period Affect for Traffic Flow Dynamic Processes Using Discrete Model of Traffic Flow [J]. Procedia Engineering, 2017, 187: 198-205.

[126] Zheng L, He Z, He T. A flexible traffic stream model and its three representations of traffic flow [J]. Transportation Research Part C: Emerging Technologies, 2017, 75: 136-167.

[127] Calvert S C, Taale H, Snelder M, et al. Improving traffic management through consideration of uncertainty and stochastics in traffic flow [J]. Case Studies on Transport Policy, 2018, 6 (1): 81-93.

[128] Peque G, Miyagi T, Kurauchi F. Adaptive Learning Algorithms for Simulation-Based Dynamic Traffic User E-quilibrium [J]. International Journal of Intelligent Transportation Systems Research, 2018, 16 (3): 215-226.

[129] Long J, Chen J, Szeto W Y, et al. Link-based system optimum dynamic traffic assignment problems with envi-ronmental objectives [J]. Transportation Research Part D: Transport and Environment, 2018, 60: 56-75.

[130] Bagdasar O, Berry S, O'NEILL S, et al. Traffic assignment: Methods and simulations for an alternative for-mulation of the fixed demand problem [J]. Mathematics and Computers in Simulation, 2019, 155: 360-373.

[131] Byung-Wook Wie. A differential game approach to the dynamic mixed behavior traffic network equilibrium prob-lem [J]. European Journal of Operational Research, 1995, 83 (1): 117-136.

[132] Ehrgott M, Wang J Y T, Watling D P. On Multi-objective Stochastic User Equilibrium [J]. Transportation Research Procedia, 2015, 7: 96-109.

[133] Proble C, Patriksson M, Bagloee S A, et al. A Mixed User-Equilibrium and System-Optimal Traffic Flow for Connected Vehicles Stated as a complementarity problem [J]. Computer-Aided Civil and InfrastructureEngi-neering, 2017, 32: 562-580.

[134] Delle site P. A mixed-behaviour equilibrium model under predictive and static Advanced Traveller Information Systems (ATIS) and state-dependent route choice [J]. Transportation Research Part C: Emerging Technolo-gies, 2018, 86: 549-562.

[135] Xiao F, Yang H, Ye H. Physics of day-to-day network flow dynamics [J]. Transportation Research Part B: Methodological, 2016, 86: 86-103.

[136] Guo R Y, Huang H J. A discrete dynamical system of formulating traffic assignment: Revisiting Smith's model [J]. Transportation Research Part C: Emerging Technologies, 2016, 71: 122-142.

[137] Cantarella G E, Watling D P. A general stochastic process for day-to-day dynamic traffic assignment: Formula-tion, asymptotic behaviour, and stability analysis [J]. Transportation Research Part B: Methodological, 2016, 92: 3-21.

[138] Wei F, Jia N, Ma S. Day-to-day traffic dynamics considering social interaction: From individual route choice behavior to a network flow model [J] . Transportation Research Part B: Methodological, 2016, 94: 335-354.

[139] Kumar A, Peeta S. A day-to-day dynamical model for the evolution of path flows under disequilibrium of traffic networks with fixed demand [J] . Transportation Research Part B: Methodological, 2015, 80: 235-256.

[140] Cantarella G E. Day-to-day dynamic models for Intelligent Transportation Systems design and appraisal [J] . Transportation Research Part C: Emerging Technologies, 2013, 29 (June 2009): 117-130.

[141] 刘诗序，关宏志．出行者有限理性下的逐日路径选择行为和网络交通流演化 [J] ．土木工程学报，2013，46 (12)：136-144.

[142] 刘诗序，关宏志，严海．网络交通流动态演化的混沌现象及其控制 [J] ．物理学报，2012，61 (9)：090506 (1-10) ．

[143] 徐寅峰，余海燕，苏兵，等．基于时间和路径偏好的交通流分配模型与诱导策略 [J] ．系统工程理论与实践，2012，32 (10)：2306-2314.

[144] 度巍，王先甲，黄崇超，等．信息系统下弹性需求随机用户均衡演化模型 [J] ．交通运输系统工程与信息，2013，13 (6)：120-126.

[145] 赵传林，黄海军．基于满意准则的有限理性用户均衡流量分配性质研究 [J] ．系统工程理论与实践，2014，34 (12)：3073-3078.

[146] Liu W, Li X, Zhang F, et al. Interactive travel choices and traffic forecast in a doubly dynamical system with user inertia and information provision [J] . Transportation Research Part C: Emerging Technologies, 2017, 85 (3): 711-731.

[147] Tobin R L. Sensitivity analysis for variational inequalities [J] . Journal of Optimization Theory and Applications, 1986, 48 (1): 191-204.

[148] Smith M J. The Stability of a Dynamic Model of Traffic Assignment—An Application of a Method of Lyapunov [J] . Transportation Science, 1984, 18 (3): 245-252.

[149] Smith M J, Wisten M B. A continuous day-to-day traffic assignment model and the existence of a continuous dynamic user equilibrium [J] . Annals of Operations Research, 1995, 60 (1): 59-79.

[150] Huang H J, Lam W H K. Modeling and solving the dynamic user equilibrium route and departure time choice problem in network with queues [J] . Transportation Research Part B: Methodological, 2002, 36 (3): 253-273.

[151] Friesz T L, Bernstein D, Meht A N J, et al. Day-To-Day Dynamic Network Disequilibria and Idealized Traveler Information Systems [J] . Operations Research, 1994, 42 (6): 1120-1136.

[152] Dupuis P, Nagurney A. Dynamical systems and variational inequalities [J] . Annals of Operations Research, 1993, 44 (1): 7-42.

[153] Smith M J. The existence and calculation of traffic equilibria [J] . Transportation Research Part B: Methodological, 1983, 17 (4): 291-303.

[154] Sandholm W H. Potential Games with Continuous Player Sets [J] . Journal of Economic Theory, 2001, 97 (1): 81-108.

[155] Huang Z, Jiang X, Hao W. A Proportional-Switch Adjustment Model towards Mixed Equilibrium with Multiroute Choice Behaviour Criterion [J] . Journal of Advanced Transportation, 2020, 2020. DOI: 10.1155/2020/1269415.

[156] Peeta S, Yang T H. Stability issues for dynamic traffic assignment [J] . Automatica, 2003, 39 (1): 21-34.

[157] Yang H, Meng Q, Lee D-H. Trial-and-error implementation of marginal-cost pricing on networks in the absence of demand functions [J] . Transportation Research Part B: Methodological, 2004, 38 (6): 477-493.

[158] Jiang X, Huang Z, Zhao Z. A Traffic Flow Evolution Process toward Mixed Equilibrium with Multicriteria of

Route Choice Behaviour [J] . Journal of Advanced Transportation, 2020, 2020: 1-17.

[159] 罗子明 . 消费者心理学 . 2 版 [M] . 北京: 清华大学出版社, 2002.

[160] Guo R, Yang H, Huang H. A discrete rational adjustment process of link flows in traffic networks [J] . Transportation Research Part C, 2013, 34: 121-137.

[161] 楼小明 . 路网交通流演化模型及其贝叶斯推断 [D] . 南京: 东南大学, 2017.

[162] Lions J L, Stampacchia G. Variational inequalities [J] . Communications on Pure and Applied Mathematics, 1967, 20 (3): 493-519.

[163] Nguyen S, Dupuis C. An Efficient Method for Computing Traffic Equilibria in Networks with Asymmetric Transportation Costs [J] . Transportation Science, 1984, 18 (2): 185-202.

[164] Gabriel S A, Bernstein D. The traffic equilibrium problem with nonadditive path costs [J] . Transportation Science, 1997, 31 (4): 337-348.

[165] Yi Kunnan, Li Zhichun L J. Traffic network equilibrium with nonadditive path cost. pdf [J] . ournal of Central South University (Science and Technology), 2004, 35 (5): 865-868.

[166] Han D, Lo H K. Solving non-additive traffic assignment problems: A descent method for co-coercive variational inequalities [J] . European Journal of Operational Research, 2004, 159 (3): 529-544. DOI: 10. 1016/S0377-2217 (03) 00423-5.

[167] Qian Gang, Han Deren and Xu Lingling Y H. Solving nonadditive traffic assignment problems _ a self-adaptive projection-auxiliary problem method for Variational Inequalities. pdf [J] . Journal of Industrial and Management Optimization, 2013, 9 (1): 255-274.

[168] Perederieiev A O, Raith A, Schmidt M. Non-additive shortest path in the context of traffic assignment [J] . European Journal of Operational Research, 2018, 268 (1): 325-338. DOI: 10. 1016/j. ejor. 2018. 01. 017.

[169] Han F, Cheng L. A Modified Levenberg-Marquardt (L-M) Algorithm for Traffic Equilibrium Problem with Non-additive Route Costs [J] . Procedia - Social and Behavioral Sciences, 2014, 138 (0): 305-313.

[170] Karamardian S. The nonlinear complementarity problem with applications, part 1 [J] . Journal of Optimization Theory and Applications, 1969, 4 (2): 87-98.

[171] Scott K, Bernstein D. Solving a traffic equilibrium problem when path costs are non-additive, The 78th Annual Meeting of the Transportation Research Board, 1999.